GENDARMERÍA

Los límites de la obediencia

DIEGO ESCOLAR

GENDARMERÍA

Los límites de la obediencia

Cómo y por qué la Gendarmería se transformó
en la principal fuerza de seguridad militarizada
en Argentina, qué estrategias desarrolló
y qué conflictos y dilemas enfrentó para lograrlo.

sb

Madrid - Buenos Aires - Santiago de Chile - México

Escolar, Diego
  Gendarmería : los límites de la obediencia / Diego Escolar. - 1a reimpr. - Ciudad
Autónoma de Buenos Aires : SB, 2018.
  160 p. ; 23 x 16 cm.

  ISBN 978-987-4434-06-7

  1. Represión. 2. Víctimas de la Represión. 3. Acción Política. I. Título.
CDD 323.092

Título de la obra: *Gendarmería: los límites de la obediencia*
ISBN: 978-987-4434-06-7

© 2017, Diego Escolar
© 2017, Sb editorial
Piedras 113, 4º 8 - C1070AAC - Ciudad Autónoma de Buenos Aires
Tel.: (+54) (11) 2153-0851 - www.editorialsb.com • ventas@editorialsb.com.ar

1º reimpresión en Buenos Aires, enero de 2018

Director General: Andrés C. Telesca (andres.telesca@editorialsb.com.ar)
Diseño de cubierta e interior: Cecilia Ricci (riccicecilia2004@gmail.com)

Queda hecho el depósito que marca la Ley 11.723
Libro de edición argentina - Impreso en Argentina - *Made in Argentina*

DISTRIBUIDORES

España: Logista Libros • Pol. Ind. La Quinta, Av. de Castilla-la Mancha, 2, Cabanillas del
  Campo, Guadalajara (+34) 902 151 242 • logistalibros@logista.es
Argentina: Waldhuter Libros • Pavón 2636 - Ciudad Autónoma de Buenos Aires
  (+54) (11) 6091-4786 • www.waldhuter.com.ar • francisco@waldhuter.com.ar
México: RGS Libros • Av. Progreso 202, Col. Escandón, Del. Miguel Hidalgo, México
  (+52) (55) 55152922 • www.rgslibros.com • fernando@lyesa.com
Colombia: Campus editorial • Carrera 51 # 103 B 93 Int 505 - Bogotá
  (+57) (1) 6115736 - info@campuseditorial.com
Uruguay: América Latina Libros • Av. Dieciocho de Julio 2089 - Montevideo
  (+598) 2410 5127 / 2409 5536 / 2409 5568 - libreria@libreriaamericalatina.com
Perú: Heraldos Negros • Jr. Centenario 170. Urb. Confraternidad - Barranco - Lima
  (+51) (1) 440-0607 - distribuidora@sanseviero.pe
Paraguay: Tiempo de Historia • Rodó 120 c/Mcal. López - Asunción
  (+595) 21 206 531 - info@tiempodehistoria.org
Brasil: Librería Española • R. Augusta, 1371 - Loja 09 - Consolação, São Paulo
  (+55) 11 3288-6434 - www.libreriaespanola.com.br - libreriaespanola@gmail.com

ÍNDICE

PREFACIO

Hasta la década de 1980 los gendarmes eran considerados militares "menores", que hacían un trabajo poco reconocido al custodiar las extensas fronteras de la Argentina. Un ejército plebeyo, cercano a la gente, compuesto de soldados con espíritu gaucho del interior del país y que patrullaban los caminos a lomo de mula y tomaban mate en el puesto fronterizo.

Pero desde la década de 1990 y en el transcurso de veinte años se transformaron en una fuerza de seguridad militarizada que está en todas partes, cumple todo tipo de misiones y sobre la cual se apoyaron todos los gobiernos, desde Menem a Macri, para garantizar una gobernabilidad armada. De golpe, el criollo serio y bonachón se transformó en un comando de SWAT o en una tortuga ninja capaz de partirle la cabeza a quién se le pusiera por delante.

Tras la desaparición del jóven Santiago Maldonado en setiembre de 2017 durante la represión de la Gendarmería a una comunidad mapuche, la institución quedó en el centro del debate y las pasiones públicas: mientras muchos la defendían como la institución más prestigiosa de la Argentina, otros la consideraban como un resabio de la dictadura militar o inclusive de la Campaña del Desierto. Sin embargo, es muy poco lo que hay escrito y publicado sobre ella.

Basado en una investigación antropológica y política cuyo principal escenario fue la década de 1990 y principios de la del 2000, este libro analiza cómo y por qué la Gendarmería se transformó en el principal actor de la seguridad en la Argentina, qué estrategias desarrolló y qué conflictos y dilemas enfrentó para lograrlo.

INTRODUCCIÓN: DESAPARICIONES

El primero de agosto de 2017 más de cien efectivos de la Gendarmería Nacional Argentina desalojaron un piquete de seis mapuches y un simpatizante que reclamaban no ser expulsados de sus tierras en la ruta 40 cerca del paraje de Cushamen, en la provincia de Chubut. En la desolada estepa patagónica, próxima a las estribaciones de los Andes, una fuerza de choque sin orden judicial penetró el territorio de su comunidad, persiguiendo a los siete piqueteros, arrojando piedras y disparando balas de goma y (según declaraciones) también de plomo. Mientras gritaban "tirale al negro" y "agarren a uno", según las filmaciones que trascendieron del operativo, los fugitivos alcanzaron la orilla del río Chubut a unos cientos de metros y todos, excepto uno, lo cruzaron y escaparon. En el borde del río se vio por última vez al joven tatuador, oriundo de la provincia de Buenos Aires, identificado con las luchas mapuche que acompañaba el corte de ruta: Santiago Maldonado.

El "caso Maldonado" rápidamente se instaló como el principal tema político del momento. Los familiares del joven, los mapuche y los organismos defensores de los Derechos Humanos como el CELS o las Abuelas de Plaza de Mayo, entre muchos otros, acusaron al gobierno nacional y a la Gendarmería de la desaparición forzada de Maldonado. Los testigos mapuche afirmaron que los gendarmes golpearon y secuestraron al joven del antes de que cruzara el río. La opinión pública se dividió en dos: de un lado, la Gendarmería y el gobierno fueron defendidos a rajatabla, a pesar de cualquier indicio de culpabilidad. Del otro, acusaron a la fuerza de la desaparición de Maldonado.

El gobierno nacional de Mauricio Macri, su ministra de seguridad Patricia Bulrich y los principales medios de comunicación inmediatamente exculparon a la Gendarmería y señalaron a los mapuche o al propio Santiago como "terroristas". El planteo era que debía haberse fugado y escondido. En el colmo del delirio, apenas conocida la noticia, algunos periodistas afirmaron que los mapuche pertenecían a una célula entrenada por las milicias kurdas, las FARC, el Estado Islámico y hasta el IRA, para crear por las armas un estado mapuche independiente. Junto al juez de la causa, Guido Otranto, y la fiscal, Silvina Ávila, se esforzaron por desviar la atención de la Gendarmería sugiriendo todo tipo de hipótesis sobre la culpabilidad de los mapuche. Se acusó a los piqueteros de responder a la Resistencia Ancestral Mapuche (RAM), un oscuro y pequeño grupo de mapuches radicalizados responsable de algunos sabotajes menores y sospechado de ser instigado por los servicios de inteligencia, para justificar la represión de los mapuche o los indígenas en su conjunto. El objetivo sería en el fondo el mismo que provocó la escalada represiva contra los indígenas en el sur y en el norte del país. Contrarrestar sus demandas de reconocimiento de las tierras que ocupan, que constituyen un obstáculo para negocios inmobiliarios, la explotación petrolífera y el avance del cultivo de soja.

"Yo banco a la Gendarmería" afirmó Patricia Bulrich en el senado, cuando informó sobre los pasos seguidos por el gobierno para el esclarecimiento de los hechos. "Dónde está Santiago Maldonado", fue el lema que se viralizó en las redes sociales de internet. Se tratase o no de una desaparición forzada, la torpeza conque se desarrollaron las sucesivas maniobras dilatorias y de encubrimiento que lograron que no se investigue a la Gendarmería durante dos o tres semanas, y muy poco con posterioridad, fortalecieron decisivamente esa hipótesis.

El gobierno nacional influenció directamente en el desarrollo del trámite judicial. A los diez días del hecho, el encargado de violencia institucional del Ministerio de Seguridad, Daniel Barberis, se reunió con los gendarmes implicados para aleccionarlos sobre la necesidad de negar a cualquier costo la responsabilidad de la Gendarmería: "En este barco estamos todos, ¿está claro? (…) si nosotros no podemos salir juntos del barco, encalla, y en el barco están ustedes y nosotros" (*Página 12*, "En el barco están ustedes y nosotros", 23/09/2017). Según se desprende de los audios de la reunión, Barberis trató de convencer a los uniformados de que el gobierno quería proteger a la fuerza: "Esa figura (la desaparición forzada) que en la causa no está, no existe (…). Si ellos lograran ese cambio, estaríamos investigando el primer desaparecido de este gobierno, y la fuerza que lo ejecuta es la Gendarmería. (…) en términos políticos hicimos lo que teníamos que hacer. Hacer que el juez escriba lo que no había escrito".

En esa inusitada constancia de un diálogo destinado a la discreción se vislumbra la propuesta de un pacto de silencio entre el gobierno y la Gendarmería. Las consecuencias de no suscribirlo son claras: la Gendarmería podría aducir que recibió órdenes ilegales del gobierno, pero esto no la salvaría de su responsabilidad en la ejecución de las mismas. El gobierno podría culpabilizar a los gendarmes de la desaparición de Maldonado como un "exceso", pero eso no lo liberaría de su propia culpa en las órdenes impartidas que habilitaron la violencia indiscriminada contra los mapuche. No obstante los esfuerzos del gobierno y debido a los insistentes testimonios, la carátula del caso fue reclasificada como "desaparición forzada de persona".

La asociación de la Gendarmería con una desaparición forzada agitó de un modo impactante a la opinión pública nacional, demostrando que la experiencia de los desaparecidos durante la última dictadura militar es aún una fuerza muy poderosa en la sociedad y la política argentinas.

La desaparición forzada es el delito político por el cual la Argentina es mundialmente famosa. Aunque no son comparables en su alcance, se destacan las similitudes entre ambas situaciones por la metodología del accionar oficial y los discursos que circulan en los distintos sectores de la opinión pública y el propio gobierno. Por un lado, el gobierno nacional hizo todo lo que estaba a su alcance para negar los hechos y cubrir a la fuerza de seguridad implicada. Esta actitud es una de las causales que tipifica la desaparición forzada de personas, aunque no se pueda probar la planificación e intencionalidad. Luego el discurso del gobierno, al igual que en los años 70, fomentó la criminalización de las víctimas y su construcción como un enemigo interno. Los mapuche y sus adherentes fueron calificados de subversivos, terroristas y sediciosos al probable servicio de un país extranjero, una amenaza no sólo para la sociedad sino para el mismo estado. Esto remite tanto en concepto como en vocabulario a la Doctrina de Seguridad Nacional imperante en la dictadura, que consideraba no sólo a las organizaciones armadas sino a la izquierda y al campo progresista en general como enemigos la nación al servicio del comunismo internacional, pasibles por ello de ser combatidos con medidas de guerra. El lema "Donde está Santiago Maldonado" esgrimido por los críticos al accionar gubernamental, y la interpelación de las madres y abuelas de Plaza de Mayo, también evocan las demandas por los desaparecidos. Gran parte de este sector asoció al gobierno de Mauricio Macri explícitamente con la dictadura militar, sin distinguir el hecho crucial de su legitimidad no obstante la vigencia de las instituciones democráticas.

El lenguaje dictatorial se coló, sin embargo, en boca de funcionarios y políticos. La ministra Bulrich acusó a los mapuche de terroristas e insistió en instalar a la RAM como ejemplo de la peligrosidad del movimiento indígena, aleccionando a sus subordinados a hacer lo mismo. Por ejemplo, se detectó en el celular de un gendarme un mensaje que ordenaba no hablar más de los mapuche como sujeto sino referirse siempre a la RAM.

Miguel Pichetto, senador por la provincia de Río Negro, alertó que en la Cordillera habría una situación insurreccional que ameritaría la ocupación militar: "hay tufillo a Sendero (…) hay mucho protomontonerismo" (*La Nación*, 22/09/2017).

En la grabación donde Daniel Barberis explica a los gendarmes los términos de un pacto de encubrimiento, la calificación de desaparición forzada es aludida como "…esa figura que en la causa no está, no existe". La frase resuena con la del dictador Jorge Rafael Videla en 1979: "el desaparecido no tiene entidad. No está muerto ni vivo… está desaparecido" (https://www.youtube.com/watch?v=9MPZK4Prog).

En los dos meses siguientes, la Gendarmería realizó una serie de acciones de hostigamiento e intimidación que remiten directamente a las prácticas represivas de la última dictadura militar. Investigó a los familiares de Santiago Maldonado y a los organismos de Derechos Humanos que apoyaban sus demandas y la defensa de los mapuches. Realizó allanamientos con extrema violencia en comunidades mapuche lejos del área de Cushamen, con golpes, destrucción de bienes y viviendas, apremios, y amenazas de muerte y desaparición. Se presentó en reuniones estudiantiles donde se demandaba precisamente por la aparición con vida de Santiago Maldonado. En los casos más resonantes en las universidades nacionales de Córdoba y Rosario, violó las autonomías universitarias con evidente intención.

Todos estos hechos, la desaparición de Maldonado y el encubrimiento de que fue objeto la acción de la Gendarmería, generaron un masivo rechazo en una gran parte de la población y la asociaron con la represión de la última dictadura militar. Se quebró así una larga estrategia que la propia institución y sucesivos gobiernos desarrollaron desde la recuperación de la democracia en la Argentina, bajo la forma de un pacto desde Carlos Saúl Menem hasta Mauricio Macri: Constituirse en el brazo armado que garantizara la gobernabilidad y la seguridad con una alta capacidad represiva, por encima de las propias policías, a cambio de que el gobierno le proporcione más recursos, poder y prestigio, además de desvincularlos de las responsabilidades por las violaciones de los derechos humanos durante la última dictadura militar y mejorar su estima pública. La existencia de un desaparecido en el marco de un operativo de Gendarmería y las irregularidades no aclaradas en el procedimiento, que afectaron drásticamente su imagen, debieran alertar sobre la necesidad de revisar el alcance de los acuerdos, el sentido del espíritu de cuerpo y los límites de la obediencia.

Este libro analiza cómo y por qué la Gendarmería llegó a constituirse en el principal brazo represivo de la Argentina, sorteando el desprestigio de las fuerzas armadas y el andamiaje legal que prohibió a los militares actuar en la Seguridad Interior. Explicaré por qué las memorias de la dictadura continuaron siendo una espada de Damocles que no pudo ser conjurada por la institución a pesar del paso de los años, como se demuestra en la reciente coyuntura de la desaparición de Santiago Maldonado, y por qué indios, desaparecidos, hippies y jóvenes blancos urbanos de izquierda no son un nuevo sino un viejo enemigo público para la Fuerza.

Para eso describiré brevemente la historia de la Gendarmería para analizar luego, en especial, el período entre finales de la década de 1980 y principios de la del 2000, cuando la Gendarmería asumió el rol represivo que mantiene hasta la actualidad. Luego mostraré cuánto de esta historia está presente en la conflictiva situación de la Gendarmería en la actualidad.

INDIOS, ANARQUISTAS Y GUERRILLEROS

El temor que provoca la Gendarmería en las comunidades indígenas se debe a una experiencia histórica mediada por la violencia, por prácticas represivas guiadas por sentimientos racistas que, a juzgar por los los videos del desalojo en Cushamen, no han desaparecido. Esta relación se mantiene y actualiza contantemente desde su fundación hasta el presente, independientemente del signo político de los gobiernos que la dirigen o deberían hacerlo. Durante el gobierno de Cristina Kirchner, por ejemplo, vimos con estupor escenas como la de Cushamen en la Formosa gobernada por Gildo Insfrán, donde se ejercen cotidianamente todo tipo de arbitrariedades sobre los aborígenes (al igual que en otras provincias). La policía y la Gendarmería perseguía, hostigaba e incluso mataba a los miembros de la comunidad qom de La Primavera ante la indiferencia del gobierno nacional que, por otra parte, hacía gala de la defensa de los derechos humanos. Además de las fuerzas de seguridad, el estado provincial en su conjunto, incluyendo el poder judicial, el sistema de salud, el educativo y los propios ciudadanos criollos ejercen una suerte de *appartheid* sobre los aborígenes, a quienes no sólo se los segrega sino que se los puede golpear y matar impunemente, como de hecho pasa diariamente, por ejemplo, en la ciudad formoseña de Ingeniero Juárez.

Debemos preguntarnos por ello cuánto de la actitud de los gendarmes es fruto de su instrucción y adoctrinamiento y cuánto expresión de sentimientos compartidos con gran parte de la sociedad, incluso con políticas de Estado. Lo cierto es que todo sugiere la existencia en Argentina de una estructura racista mucho más profunda de lo que estamos dispuestos a reconocer, como evidencia la aberrante blanqueidad de la sensibilidad criolla de los DDHH. Tal es la magnitud de la identificación blanca, urbana y de clase media de la lucha por los derechos humanos que su rechazo por buena parte de los sectores populares puede ser leído también en clave de resentimiento racial.

Pero lo que sí está claro es que la Gendarmería, como casi todas las fuerzas de seguridad y militares, posee una identidad institucional que depende en gran parte de la representación de un grupo de enemigos a los cuales atacar o recelar, antagonistas fundamentales que justifican en última instancia no sólo su existencia sino su "mística". Es decir, el carácter misional patriótico, casi sagrado de su actuación, más allá del cumplimiento burocrático de sus funciones legales. Aquello que provee un sentido más profundo a los sacrificios realizados e inclusive permite justificar en el espíritu de cuerpo o en valores trascendentes el incumplimiento institucional de la ley. Es necesario por tanto referirnos a las experiencias y "enemigos" que configuraron históricamente a la Gendarmería.

La Gendarmería fue creada en 1938 como una fuerza de seguridad híbrida, entre militar y policial, cuya misión básica era la custodia de las zonas de frontera y los Territorios Nacionales, jurisdicciones producto de la colonización interior de los territorios indígenas hacia fines del siglo XIX y principios del XX en el norte y centro-sur del país (como Chaco, Formosa, La Pampa, Neuquén, Río Negro y Santa

Cruz). En esas jurisdicciones actuaba con una suma de facultades judiciales y policiales contra el bandolerismo rural, el contrabando, el control de la población indígena y protestas sociales que amenazaban la actividad de grandes compañías extractivas de capitales nacionales y extranjeros, como Dreyfuss y Bunge y Born.

Pero la relación violenta con los pueblos originarios es de algún modo su contrato fundacional. La propia institución rescata como punto central de su identidad histórica la guerra contra los indígenas. Según el libro *Historia de Gendarmería Nacional* (1991), editado por la Fuerza, sus antecedentes se remontarían a principios del siglo XVIII con la creación del regimiento de Blandengues para el resguardo de las fronteras coloniales con los pueblos indígenas. Su misión era "escarmentar" a los indios y perseguir a los contrabandistas de cueros y a los "vagos y malentretenidos" (*Historia de Gendarmería Nacional*: 18). Estos soldados estaban ubicados todo a lo largo de las fronteras indígenas en Buenos Aires, Mendoza, Santa Fe y la Banda Oriental y eran dirigidos por Maestres de Campo o Comandantes de Armas como Francisco de Amigorena en Mendoza y Manuel de Pinazo en Buenos Aires. Aunque al principio estaban constituidos por españoles, fueron reemplazados por criollos oriundos de la misma frontera reputados como baqueanos, ya que su característica principal era el conocimiento detallado del terreno, las poblaciones y las tácticas militares indígenas. En 1784 fueron declarados veteranos, es decir tropa profesional, y fue el único regimiento que estaba constituido enteramente por criollos de la campaña, a diferencia del Fixo de Buenos Aires, los Dragones o el Real Cuerpo de Artillería, formados por españoles.

El cuerpo de Blandengues fue disuelto en 1810 con la declaración de independencia y durante el convulsionado

período de guerras civiles a lo largo del siglo XIX y la Gendarmería (Ibíd.) no reconoce otro antecedente hasta fines
del siglo, aunque continuaron existiendo destacamentos de
frontera de las provincias y luego del propio ejército Nacional con los territorios indígenas hasta la Campaña del Desierto. En 1877 se crearon dos compañías de Gendarmería
para patrullar el territorio chaqueño luego de la Guerra del
Paraguay. Su misión principal era prevenir ataques indígenas a poblaciones criollas como Villa Occidental y la Colonia San Fernando en Corrientes. Estas compañías fueron
disueltas en 1881 con el desarrollo de la conquista militar
del Chaco por el ejército nacional.

En 1902 se asignaron dos compañías de caballería del
ejército para el servicio de Gendarmería con asiento principal en la localidad de Las Lomitas, actual provincia de
Formosa, y en 1917 se creó el regimiento de Gendarmería
de Línea para guarnecer los territorios del Chaco y Formosa, principalmente en el límite con el Paraguay. Su asiento
principal continuó siendo Las Lomitas, pero ocupaba también trece fortines a lo largo del Río Pilcomayo. Este regimiento intervino en numerosas acciones contra los indígenas, escasamente documentadas. La propia Gendarmería
consigna que combatió en Laguna Yema y el Palmar (1918)
"persiguiendo a los indios, autores de robos y depreda-
ciones, y reprimió alzamientos en la zona del fortín Yunká
(atacado por indígenas en 1919), Fortín Pilcomayo (1923),
Ibarreta (1930), Pampa del Indio (1931), El Descanso (1933)
y Pozo de las Viejas (1934. *Historia de la Gendarmería…*: 29).

Desde al año 1921 se agregó otro objetivo, para la necesidad de un cuerpo de gendarmes: el naciente movimiento
sindical anarquista promovido por numerosos obrajeros
inmigrantes, con gran presencia en los Territorios Nacionales del norte y sur argentino. Algo que no menciona el

libro de la Gendarmería, es que, financiada por la compañía La Forestal en Santa Fe se creó la Gendarmería Volante, un cuerpo de guardias armados, con el fin de reprimir las huelgas y sindicalización de los obreros del tanino. Estas tropas semi-privadas fueron responsables de asesinar, torturar, vejar y expulsar a miles de obreros y sus familias en el proceso de cierre de la empresa. Con la cruenta represión de las famosas huelgas de Santa Cruz en 1921 se creó la Policía Fronteriza y 10 cuerpos de Gendarmería en las provincias, que fueron disueltas al año siguiente. Un proyecto de ley de creación de Gendarmería Nacional es presentado al Congreso de la Nación en 1923 cuya promulgación fracasa, pero es presentado con pocas variantes en 1926, 1928, 1934, 1936 hasta que es aprobado en 1938, mediante la ley 13.367, se creó la actual Gendarmería Nacional para la custodia y policía de los Territorios Nacionales. No obstante, la creación de la Gendarmería despertaba controversias cuyos ecos aún perduran, sobre la suma de funciones conferidas y su doble papel a la vez militar y policial.

En los debates previos a la ley el diputado socialista por Córdoba, Juan Antonio Solari, cuestionó que "a través del intricado texto del proyecto no se sabe cuándo será realmente una policía de estructura civil para fines policiales, y cuándo ha de ser un organismo militar susceptible de ser estimado como una prolongación de nuestro ejército regular". El diputado López Merino de Buenos Aires se opuso a la creación de la Gendarmería porque supondría perpetuar "el trato colonial que hasta hoy se dio a los territorios… porque tienen atribuciones que le dan jerarquía sobre el pueblo y las autoridades de los lugares donde actuará" (37).

Pero en algo coincidían casi todos los oradores: la Gendarmería debía "argentinizar" los territorios nacionales, amenazados por al vacío y el abandono en que habrían quedado luego de su ocupación militar en el siglo XIX. En el proyecto de la Ley N° 12.367 se planteaba que la Gendarmería debía "contribuir decididamente a mantener la identidad nacional en áreas limítrofes". El diputado conservador Videla Dorna afirmaba que los territorios nacionales "no absorbían la inmigración sino que estaban siendo absorbidos por ella". "En los del sur, por ejemplo, los extranjeros importan sus costumbres, sus sentimientos y hasta su moneda. En los del norte –y eso es más grave– se enarbolan banderas extranjeras en los edificios públicos, cuando no la simbólica bandera colorada del bolchevismo" (:36).

La ley especificaba que la Gendarmería era una policía militarizada federal independiente del ejército nacional y que debía revistar bajo la órbita del Ministerio del Interior, pero que integraba la reserva del ejército, tenía su mismo régimen de instrucción y código de justicia. También se ordenaba que en casos de estado de sitio, de exigencias de la defensa nacional o de mantenimiento del orden interno, pasaría a depender del Ministerio de Guerra.

Pero dentro de las circunstancias seleccionadas para reconstruir el pasado institucional, el libro *Historia de la Gendarmería…* no menciona uno de los hechos más significativos que evidencia la relación histórica que mantuvo con los pueblos originarios del área chaqueña.

A lo largo de las décadas de 1910 y 1940, la fuerza o los cuerpos que la antecedieron, causaron atroces matanzas de aborígenes. Pilagás, wichis, tobas (qom), mocovíes y otros grupos de la región chaqueña cayeron bajo las balas, golpes y machetazos, como continuación de una política del ejército, la policía, empresarios o los propios pobladores criollos. Estas masacres fueron en general la respuesta a huelgas, movilizaciones religiosas o meras reuniones producto del descontento y la desesperación de los indígenas que trabajaban en condiciones de semiesclavitud en las reducciones de indios o los ingenios azucareros.

Muchos de los encuentros violentos que hemos mencionado más arriba, reseñados por la propia institución como enfrentamientos, pueden caer bajo la sospecha de tratarse de este tipo de matanzas. Pero la mayoría de ellas no están documentadas y se las conoce sólo por los relatos orales de los aborígenes o los restos humanos que aún hoy permanecen insepultos a veces en la proximidad de los asentamientos. Una de esas masacres es la de Napalpí en 1924 en el Chaco, y otra la Rincón Bomba en Las Lomitas, Formosa, en 1947 durante el primer gobierno de Perón, fueron las mayores matanzas de indígenas del siglo XX en Argentina. Entre ambas se calculan 1500 personas muertas de los pueblos mocoví, qom y pilagá.

La más documentada es la de Rincón Bomba. Un gran número de pilagás, según estimaciones de la propia fuerza entre 7000 y 8000 (Cruz, 1991), se había reunido durante semanas en Las Lomitas, a pocas cuadras del escuadrón 18 de la Gendarmería. Según narra el Comandante Mayor (R) Teófilo Ramón Cruz, los pilagá estaban "famélicos, hambrientos, enfermos, semidesnudos y debilitados". Algunas fuentes, incluido Cruz, afirman que todo se habría originado por el éxodo de los indígenas desde su trabajo estacional en el Ingenio de San Martín de Tabacal (Salta), donde no les pagaron y por lo tanto no pudieron comprar comida para el retorno a sus comunidades. El recorrido de más de 300 km a las Lomitas habría tenido como objeto buscar ayuda urgente de los vecinos del pueblo y de la propia Gendarmería (Diario *Norte*, 13/05/1947). Los testimonios de los sobrevivientes refieren en cambio que la aglomeración se fue produciendo por la presencia de un sanador (Mapelman, 2015), mientras que otros estudios, que se trató de un movimiento místico (Vuoto y Wright, 1991).

Al principio vecinos y gendarmes se habrían solidarizado con los indígenas, pero sin alcanzar siquiera a paliar sus urgentes necesidades. Pero al paso de los días tras algunas muertes y desesperación por el hambre e intoxicaciones con comida en mal estado, los Gendarmes recluyen a los pilagá en el paraje Rincón Bomba, junto a Las Lomitas, rodeándolos con un cordón de seguridad. El entonces director general de Gendarmería, Natalio Faverio, dio la orden de desplazar fuerzas de refuerzo hacia el lugar. Una vez reunidas, atacan sorpresivamente a alrededor de 2000 indígenas con fuego de ametralladoras y fusiles. Más de 300 muertos y heridos yacían en el campo y el resto huía por el monte durante semanas, perseguidos por varios escuadrones de Gendarmería e incluso aviones enviados desde Buenos Aires. Los heridos son rematados y muchos fugitivos van muriendo de hambre, sed e infecciones. Las patrullas van cercando y asesinando a los que escapan en dirección a Pozo del Tigre y Campo del Cielo. Allí también son recluidos en corrales donde son masacrados. Los cadáveres son quemados en piras a lo largo del monte. Los Gendarmes, según cuentan los sobrevivientes, gritaban que no había que dejar testigos.

Los testimonios de los sobrevivientes y algún baqueano de la Gendarmería, tomados mucho tiempo después de los hechos por el terror que aún mantenían, son desgarradores y desmienten la aséptica descripción de Torres y las anodinas menciones de la prensa (Mapelman, 2015). La mayoría de los indígenas atrapados en el monte fueron reunidos y fusilados uno por uno enfrente del resto por las patrullas, que luego dejan escapar a algunos para que esparzan el terror. Los niños hallados en el monte, hasta de meses, fueron baleados. Ancianos y mujeres heridos fueron quemados vivos hasta las cenizas. Los restos de la principal matanza fueron reunidos en una pira de más de cien metros de largo por dos de alto, incinerados y cubiertos con topadoras en terrenos de la Gendarmería. Restos de 26 cuerpos de armas compatibles con las de la Gendarmería fueron hallados en las inmediaciones durante la investigación realizada por crimen de Lesa Humanidad.

Hasta la actualidad, además de unos pocos pilagá que testificaron en los juicios, también quedaron sobrevivientes entre los victimarios. La matanza incluyó el ataque con un avión armado con una ametralladora a los fugitivos en el monte. Según la sentencia, el 16 de octubre el aviador Carlos Smachetti "disparó a mansalva a los originarios de la comunidad pilagá" desde el avión JU-52T-153 que había salido un día antes de la base aérea El Palomar. Con casi 97 años, Smachetti es el único imputado en la causa y fue procesado en 2014 por delitos contra los derechos humanos. Leandro Santos Costa fue integrante de la Cámara Federal de Resistencia hasta 1999, cuando presentó su renuncia. En octubre de 1945 era alférez de la Gendarmería y participó activamente en la masacre de los pilagá a cargo de una ametralladora que disparó el 14 de octubre. La propia Gendarmería Nacional lo felicitó por la "valerosa y meritoria" intervención de octubre de 1947.

Sin embargo, hubo también gestos aislados de solidaridad con los indígenas. El sargento ayudante Américo Londero, de la cocina del Regimiento 18° de Gendarmería salvó a dos chicos pilaga, Setkoki´en y Maliodi´en, que trabajaban de ayudantes. La tarde de la masacre, cuenta Maliodi´en, les avisó: "Váyanse chicos, váyanse. ¿Entienden que van a disparar las armas?" y les dio víveres para que escaparan. Algunos pobladores criollos también escondieron niños y jóvenes fugitivos, pero muchos fueron descubiertos y fusilados por las patrullas que recorrían todas las casas.

Con el ascenso de Juan Domingo Perón en 1945 la Gendarmería fue colocada bajo la conducción un hombre de su extrema confianza y declarado peronista, Domingo Molina. Durante su gestión la Gendarmería quedó circunscripta a las recientemente creadas "Zonas de seguridad de fronteras", pero se le agregó la vigilancia del Escuadrón Campo de Mayo, vital unidad militar cercana a la ciudad de Buenos Aires, y la custodia de instalaciones pretendidamente nucleares del excéntrico científico alemán Ronald W. Richter en la Isla Huemul del lago Nahuel Huapi. Tal vez por eso algunos sostienen que la Gendarmería fue durante muchos años una fuerza "peronista". Lo cierto es que estos movimientos de separación de Gendarmería y Ejército parecen guardar relación con la intención de limitar el poder de este último y contar con alguna fuerza militar bajo control civil más directo. La custodia de la guarnición Campo de mayo por parte de la Gendarmería puede haber tenido como objeto ejercer algún control externo sobre los militares con presencia armada. Esta "peronización" de la Gendarmería y separación de la órbita del ejército se acentuó con los años de gobierno justicialista y se retrotrajo en cada golpe militar.

Por ejemplo, a partir del fallido golpe de 1951 se creó el Consejo Federal de Seguridad, donde participaba la Gendarmería, la Prefectura y las policías, con el objeto de alinear fuerzas con el gobierno. La Gendarmería pasó a depender del Ministerio del Interior y, a partir de 1952, empezó su proceso de peronización en gran escala. Este incluyó donaciones de días de sueldo de todo el personal para la Fundación Eva Perón, la creación de "bibliotecas justicialistas", irradiación de la marcha peronista por su red de radio, remisión de material para el adoctrinamiento de los cuadros, cursos de "Capacitación peronista" en la Dirección General y cambio del juramento, agregando al tradicional "Subordinación y valor para defender a la patria" la fórmula "Justa, libre y soberana."

Con el triunfo de la Revolución Libertadora y la destitución de Perón en 1955, los militares volvieron a colocar a la Gendarmería bajo la dependencia del Ejército y duplicaron el sueldo de los miembros de la fuerza, que era el 50% del de los miembros del ejército. Con la asunción de la presidencia por el Gral. Pedro Eugenio Aramburu en noviembre de 1955, el Gral. Jorge Nocetti Campos fue nombrado Director General. Este nuevo jefe continuó con las medidas de desperonización de la Gendarmería a través de una gran purga de cuadros y de actos simbólicos como la restitución de los crucifijos que habían sido quitados de todas las dependencias.

El perfil militar de la Institución se acentuó entre las décadas de 1960 y 1970, en coincidencia con el imperio hemisférico de la Doctrina de Seguridad Nacional y los golpes militares que la fueron transformando casi en un apéndice del ejército. Con la última dictadura militar la Gendarmería alcanzó su máximo grado de militarización y subordinación al ejército. Como ilustraba un oficial de Gendarmería entrevistado a comienzos de la década del 2000, la historia de la Fuerza podría dividirse en tres cortes temporales: la "etapa histórica" desde su fundación, caracterizada por su actuación policial en los territorios nacionales y su misión "civilizadora" en las áreas de frontera; la etapa actual, un gran interrogante; y en el medio, la "etapa militar", signada por su asimilación doctrinaria y funcional al Ejército.

Durante este período, la Gendarmería participó en diversas actividades contrainsurgentes y represivas de corte militar: la represión en 1964 de la primera guerrilla rural del país, en Salta, dirigida por Jorge Ricardo Massetti, un argentino nacionalizado cubano que fue funcionario con Ernesto Che Guevara en la isla, y el "Operativo Independencia", en Tucumán en 1975.

Después del golpe de estado de 1976, la Gendarmería funcionó prácticamente como una división del ejército. Como tal, actuó en el esquema represivo.

Es probable que la Gendarmería no haya constituido grupos de tareas para el secuestro, tortura y represión de personas, aunque es difícil de creer en ese contexto, y por el hecho de que tuvo una participación protagónica en las acciones contrainsurgentes en el monte tucumano, participación de la cual se jactan sus miembros.

Uno de los roles principales que le cupo a la Gendarmería durante la dictadura fue el traslado y la custodia de detenidos y la seguridad de centros clandestinos de detención. En 1975 se crearon los Escuadrones de Seguridad Ezeiza y Campo de Mayo, cuya misión era la de "proporcionar seguridad a edificios instalaciones militares u otras funciones acordes a sus capacidades" (*Historia de Gendarmería...*, 1991: 178). En enero de 1976 se creó el Escuadrón de Seguridad de la Capital Federal con la misión de "dar seguridad a los edificios de la Dirección Nacional de Gendarmería, Consejo de Guerra Permanente para Jefes y Oficiales de las Fuerzas Armadas, y Consejo de Guerra Permanente para Personal Subalterno". Estos escuadrones de seguridad son los asociados por la bibliografía y los testimonios de algunos entrevistados a la actividad represiva (protagónica o secundaria) de los gendarmes.

La Fuerza actuó en centros de detención en varias provincias. Este es el caso, entre otros menos conocidos, de El Campito en Campo de Mayo (D'Andrea Mohr, 1999), La Escuelita y el Arsenal Miguel de Azcuénaga, en Tucumán (*Página 12*, 24/11/2000; *La Nación*, 25/06/1998) y en el Pabellón especial del Penal de Chimbas, en San Juan, donde se alojaban presos políticos. A su vez, en las listas de represores de las fuerzas de tareas o torturadores de campos de concentración figuran varios gendarmes (CONADEP, 1991; D'Andrea Mohr, 1999). Por otro lado, según documenta la propia Institución, desde 1969 numerosos cuadros superiores y subalternos habrían recibido formación represiva y contrinsurgente en la Escuela de las Américas, que incluía entre otros cursos el de "Operaciones de Guerra Irregular", el de "Interrogatorios de Inteligencia Militar" y el de "contrainsurgencia urbana" (GN 1991).

En 1969, personal superior y subalterno participa en los cursos de Operaciones en la Selva, y en 1970 en el de Contrainsurgencia Urbana en la Escuela de las Américas, en la zona del canal de Panamá a cargo del ejército de los EEUU (GN 1991:166). En 1972, a partir del 8 de abril, personal superior de Gendarmería comienza a realizar cursos de Policía Militar en la Escuela de las Américas, en EEUU. Ese mismo año se aprueban las disposiciones básicas para la obtención de la aptitud especial de comandos en la Escuela de Infantería del Ejército (4 de marzo de 1973) (ibid.: 170). En agosto de 1974 se inician Cursos de Seguridad en la Escuela Nacional de Inteligencia.

Sin embargo, hubo gendarmes que testificaron en los juicios a los militares por delitos de lesa humanidad posibilitando la condena de represores y la reconstrucción del accionar represivo.

Las declaraciones efectuadas en 1998 por el ex gendarme Omar Torres en la Causa del Juez español Baltasar Garzón por crímenes cometidos en la represión argentina contra ciudadanos españoles, arrojaron más luz sobre la participación de la Gendarmería en la represión (*Página 12*, 24/11/2000; *La Nación*, 25/06/1998). Torres declaró haber sido trasladado varias veces entre 1976 y 1977 por períodos de 45 a 50 días con grupos de la Gendarmería. Según afirmó, sus funciones consistían en custodiar a los detenidos, preparar la comida y cortar leña en el campo de concentración del Arsenal Miguel de Azcuénaga. Posteriormente se desempeñó como custodio del gobernador militar de Tucumán Antonio Domingo Bussi. Torres afirmó haber sido testigo de fusilamientos donde Bussi efectuaba siempre el primer disparo y obligaba a todos los oficiales de alta graduación a asesinar detenidos, de los cuales se mataba alrededor de veinte cada quince días, con un tiro en la nuca. También describió en detalle las torturas sistemáticas que se realizaban en el campo e identificó a otros militares y a víctimas asesinadas. Sin embargo, aunque Torres parece intentar referir una participación más "periférica" de los gendarmes que el personal del ejército, entre los oficiales responsables de los hechos aberrantes identificó también a dos gendarmes.

Durante la Guerra de las Malvinas la Gendarmería actuó a través de patrullas de comandos de infiltración tras las líneas enemigas que tuvieron gran reconocimiento por su capacidad y valor. Nació el denominado "Escuadrón Alacrán", cuya misión era efectuar golpes de mano y ataques tipo comando. Actualmente el escuadrón Alacrán es la tropa de elite de la Gendarmería con funciones de choque contra el crimen organizado y el terrorismo.

DESMILITARIZACIÓN DE LA GENDARMERÍA, MILITARIZACIÓN DE LA SEGURIDAD

La foto de un artículo periodístico del año 2000 retrataba al ex general Omar Santiago Riveros, protagonista de la represión de la última dictadura militar argentina, mientras era detenido por dos hombres con uniforme de combate negro: en la espalda de uno de ellos se distingue el rótulo "Gendarmería Nacional Argentina" (*Clarín*, 26/08/2000). Condenado por el gobierno de Raúl Alfonsín en la década del 80 e indultado por el de Carlos Menem a principios de los años 90, Riveros fue detenido por un hecho que habilitaba en aquellos años a entablar acciones judiciales contra los ex represores previamente indultados por Carlos Saúl Menem: la sustracción de bebés a detenidas-desaparecidas. El detenido, como otros "presos VIP" que no se consideraba apropiado alojar en dependencias penitenciarias policiales, fue recluido en un pabellón especial de la la Gendarmería. La imagen encierra una ironía. El cargo principal por el que se detuvo a Riveros es el robo de bebés en el campo de concentración "El Campito" durante la dictadura militar. Y la institución que a más de 20 años de democracia fue destacada para la detención y custodia del ex general era la misma que durante la represión, bajo sus propias órdenes, estaba encargada de la seguridad de "El Campito".

Como vimos, desde sus comienzos la Gendarmería tuvo una estrecha relación con el Ejército y fue formada en sus primeros años por cuadros provenientes de esta fuerza. Hasta 1991 sus comandantes eran generales del ejército y en la actualidad su estructura jerárquica, organización, códigos de conducta, son análogos a los del ejército y las otras fuerzas armadas. La propia institución continúa reivindicando públicamente su carácter militar, como puede observarse en sus ediciones institucionales, definiéndose como sujeta a "un régimen disciplinario castrense, con estructura, capacitación, doctrina militar".

> *Una Fuerza de Seguridad, de naturaleza Militar con características de Fuerza Intermedia, que cumple su misión y sus funciones en el marco de la Seguridad Interior, Defensa Nacional y apoyo a la Política Exterior. Por fuerza intermedia entendemos una organización con estado militar con capacidades para disuadir y responder amenazas, crisis, contingencias e incidentes en los ámbitos de la Seguridad Interior y de la Defensa Nacional, generando aptitudes para su empeño en operaciones de Apoyo a la Política Exterior de la Nación.*
> *Depende del Ministerio de Seguridad integrando el Sistema de Seguridad Interior previsto en la Ley N° 24.059 e integra el Sistema de Defensa Nacional conforme a lo normado en la Ley N° 23.554. http://gendarmeria.gob.ar/ institucional/ accedida 4 de octubre de 2017*

Sin embargo, tradicionalmente la Gendarmería fue vista por las FFAA como "militares de segunda". Sus funciones, ligadas a la administración cotidiana de control social, custodia de pasos fronterizos y persecución del contrabando eran consideradas pedestres en comparación con las gestas patrióticas o hipótesis de conflicto "gloriosas" que los militares pergeñaban en sus mundos cerrados y en el misterio aislado de los cuarteles.

Un Comandante Mayor entrevistado referia que la Gendarmería guarda animosidad con el Ejército porque siempre los tuvieron "con el borcego arriba de la cabeza". Pero al mismo tiempo, se resentía de que durante la dictadura militar el Ejército les daba a los gendarmes funciones subalternas mientras que ellos iban a "combatir", no obstante que en Tucumán eran enviados a las zonas "más bravas."

A lo largo de su corta historia el vínculo con el Ejército estuvo signado tanto por la subordinación como por el deseo de emulación y el resentimiento. La Gendarmería mantuvo una relación ambivalente con su identidad militar. Desde su fundación, en numerosas oportunidades cambió su dependencia del ejército por una relación más autónoma o la directa independencia y viceversa, pasando a revistar alternativamente bajo la órbita de diversos ministerios: el de Guerra, el de Interior, el de Defensa y, actualmente, el de Seguridad.

El mayor período de autonomía respecto de las FFAA se produjo avanzada la restitución democrática, desde principios de la década de 1990, hasta la actualidad. Esto tuvo que ver con las difíciles coyunturas de la democratización, con estrategias y decisiones del poder político y también de la propia Gendarmería, relativas al control de la Seguridad interior y la limitación del poder e injerencia de las FFAA. A partir de esa década la institución comenzó a construir un auténtico espacio propio en el esquema militar y de seguridad en la Argentina. Aunque en algunas épocas la Gendarmería ya había cumplido misiones diferentes de su tradicional papel, fue durante el gobierno de Carlos Menem que empezó a intervenir cada vez más en

ámbitos que excedía, su destino tradicional en la custodia
de las fronteras. La Gendarmería pasó a ser una pieza clave en la represión de conflictos sociales y manifestaciones
prolongadas de protesta que eran consideradas por el ejecutivo fuera de la capacidad de control de las policías provinciales. También fue utilizada para proveer seguridad o
directamente intervenir ciudades o provincias enteras donde la policía se había revelado por demandas salariales.
Sus peritajes forenses o científico-policiales fueron también
convocados reiteradamente para investigaciones en causas
judiciales donde estaban involucrados policías o se dudaba
de la idoneidad o la honestidad de los peritajes policiales.
Finalmente, desde los cruentos atentados terroristas a la
embajada de Israel y a la AMIA (mutual de la colectividad
judía en Buenos Aires), la Gendarmería fue puesta a cargo de la custodia de todos los edificios considerados "objetivos judíos" para el terrorismo islámico en la capital del
país. También, al igual que las fuerzas armadas, la Gendarmería participa desde 1991 en Misiones de Paz al exterior
convocadas por la ONU, en Angola, Bosnia, Haití, Chipre,
entre otros destinos. En coincidencia con la redefinición
de sus funciones efectivas, desde 1992 los directores de la
Gendarmería son oficiales de las propias filas, rompiendo
la histórica estructura donde el Director Nacional provenía
siempre del generalato del ejército.

Este creciente protagonismo de la Gendarmería ponía
en duda uno de los consensos básicos de la transición argentina hacia la democracia: la prohibición a los militares
de actuar en el control de la seguridad o la represión de
conflictos internos.

Para entender la magnitud del lugar contradictorio de
la Gendarmería debemos remontarnos a la recuperación
democrática luego de la última dictadura militar. Como

es sabido, las represiones militares entre las décadas de 1960 y 1980 fueron legitimadas por la Doctrina de Seguridad Nacional, un engendro de la guerra fría promovido por los Estados Unidos que equiparaba la protesta social y militancia política de izquierda a una amenaza militar a la naciones por parte de un país extranjero. La idea básica es que los conflictos eran promovidos por los países comunistas como una forma de infiltración por lo cual la seguridad interior y la defensa nacional eran en ese punto indistinguibles y debían ser repelidos con medios militares propios de la defensa contra un enemigo externo. En Argentina esta doctrina se sancionó en la Ley de Seguridad Nacional de 1966.

Numerosos observadores del proceso de democratización en Argentina coincidieron en su momento conque la transición hacia la democracia luego de la dictadura de 1976-1983 se habría caracterizado por una rápida y exitosa "desmilitarización" de la sociedad. Ese resultado habría sido consecuencia de un hecho político inédito en el contexto latinoamericano: el juicio a las juntas militares y otros trescientos oficiales que participaron en la represión ilegal (Acuña y Smulovitz 1995, 1996; Landi y González Bombal, 1996).

Sin embargo, hubo una política pública que fue crucial para limitar la autonomía y lograr la efectiva reinstitucionalización de los militares en democracia. Esta fue la prohibición legal de actuar en cualquier conflicto o hipótesis de conflicto interno. En la década de 1980 el Parlamento y el Ejecutivo construyeron un amplio consenso multipartidario para limitar la injerencia de los militares sobre la política, debiendo circunscribirse a la Defensa Nacional, entendida como la respuesta ante una agresión armada por parte de un enemigo exterior (Sain, 2000). Este consenso se plasmó en sucesivos acuerdos políticos que culminaron con la promulgación de la Ley de Defensa Nacional 23554 de 1988[1].

La misma expresa que la "defensa nacional" consiste en "enfrentar las agresiones de origen externo" (Art. 2) y que "para dilucidar las cuestiones atinentes a la Defensa Nacional se deberá tener permanentemente en cuenta la diferencia fundamental que separa a la defensa nacional de la seguridad interior" (Art. 4). La inhibición de actividades militares con respecto a objetivos civiles nacionales se especifica en la prohibición de intervenir en situaciones tipificadas como "conflicto social localizado", "conflicto social generalizado" y "agresión interna", pudiéndolo hacer solamente en situaciones de "agresión militar" (Art. 13). En cuanto a la inteligencia interior, la prohibición es taxativa: "Las cuestiones relativas a la política interna del país no podrán constituir en ningún caso hipótesis de trabajo de organismos de inteligencia militares" (Art. 15).

Según estipula la Ley, la Gendarmería debía insertarse "como hasta ese momento" en el sistema de Defensa y depender orgánicamente del Ministerio de Defensa[2]. Sin embargo, como hemos dicho, avanzada la década de 1990 la Gendarmería se constituyó como un actor principal en el escenario de la Seguridad Interior, en una tarea de alta exposición y específicamente vedada por la Ley de Defensa

---

1 El proyecto en el que se basó fue presentado por la oposición, y su autor fue el entonces diputado peronista Miguel Angel Toma.

2 "Como integrantes del sistema de defensa nacional, la Prefectura Naval Argentina y la Gendarmería Nacional Desarrollarán en sus respectivas estructuras orgánicas, los medios humanos y materiales necesarios para el debido y permanente control y vigilancia de las fronteras, aguas jurisdiccionales de La Nación y custodia de objetivos estratégicos, así como para el cumplimiento de las demás funciones emergentes de esta ley" estas Fuerzas "dependerán orgánica y funcionalmente del Ministerio de Defensa" (Art. 31).

para los militares, como la represión de conflictos sociales, sin haber perdido en la práctica su status militar.

¿Cómo es, entonces, el proceso por el cual se otorga un papel tan activo en la seguridad interior a la Gendarmería? ¿Por qué a pesar del impulso inicial de desmilitarizar la seguridad interior se llega a una suerte de "remilitarización" de la misma, colocando para reprimir conflictos a una institución de carácter militar? Para esto es necesario dar cuenta del derrotero jurídico-político que culmina con la Ley 24.059 de Seguridad Interior de 1992.

La Ley de Seguridad Interior, posterior complemento de la de Defensa demoró cuatro años más en sancionarse. Este proceso estuvo signado por las rebeliones de los militares carapintada que se amotinaron en reiteradas oportunidades para condicionar al poder democrático y la política militar, y la del grupo armado de extrema izquierda de muy escasa gravitación en la política nacional Todos por la Patria que tomó el cuartel militar de La Tablada en 1989. Esta tardía acción guerrillera, supuestamente en previsión de un golpe de estado pergeñado por los carapintada, provocó un retroceso en las políticas de estado sobre el tema militar (Sain, 2000). A raíz del impacto en la opinión pública de lo que se dio en llamar "la Batalla de La Tablada", las FFAA consiguieron que se considere favorablemente su demanda de intervención en conflictos internos y en seguridad interior (Acuña y Smulovitz, 1996: 75). En efecto, como resultado del ataque y su represión transmitida en vivo por la televisión a lo largo de todo el día, los militares podían "mostrar" a la sociedad que la "subversión" –como habían tratado de demostrar durante los juicios– no eran civiles indefensos, sino que poseían efectivamente una capacidad de amenazar al estado y justificaba, por tanto, una intervención militar. Por el tipo de acción a todas luces anacró-

nico, la poco creíble motivación de los atacantes y los resultados objetivos del evento en cuanto a presionar sobre la
frágil estructura institucional de la Argentina y reforzar la
pésima imagen de los militares (Acuña y Smulovitz, 1996)
quedó instalada la sospecha de una manipulación por parte de las FFAA.

En efecto, estos hechos provocaron o permitieron un viraje en las políticas de seguridad y militares.

Una semana después del copamiento de La Tablada,
Alfonsín creó por decreto 83/89 el Consejo de Seguridad
integrado por FFAA, y además de otros miembros, por Prefectura Naval Argentina y Gendarmería Nacional, con ha-
bilitación para asesorar y actuar contra actividades "sub-
versivas" e incluso hacer inteligencia interior.

Con el Decreto 327/89 se estableció que el Presidente y
el Consejo de Seguridad bajo la asistencia del Comité de Seguridad Interior debían establecer las bases orgánicas para
la "ejecución y control de las medidas tendientes a prevenir y conjurar la formación o actividad de grupos armados
que tengan aptitud para poner en peligro la vigencia de la
Constitución" y "asesorar al ministro del Interior en la elaboración de las políticas correspondientes al ámbito de la
seguridad interior, como asimismo en la elaboración de los
planes y la ejecución de las acciones tendientes a garantizar
un adecuado nivel de seguridad interior" (Art. 9°). Menem
ampliará la competencia de las FFAA con el decreto 392/90
disponiendo directamente la intervención operativa y de
inteligencia de las FFAA en la conjura de "hechos que constituyen un estado de conmoción interna" (ibid.: 134).

Estas normas cercenaron el impulso desmilitarizante de
la seguridad interior plasmado en la ley 23554, habilitando
una tendencia inversa que se profundizaría durante la gestión menemista. Los decretos "...generaron una situación

legal e institucional contradictoria, pues mientras la ley 23554 prohibía taxativamente la intervención operativa y de inteligencia de las FFAA en asuntos de seguridad interior, los decretos siguientes autorizaban y disponían dicha intervención" (Sain, 2000: 134).

Saín encomia, sin embargo, que la tendencia re-militarizante no se habría trasladado a la Ley de Seguridad Interior, aprobada en diciembre de 1991 y promulgada en enero de 1992. Según el las prescripciones de dicha ley "(...) supusieron la derogación tácita de los decretos 327/89 y 392/90 restableciendo una clara distinción entre Defensa y Seguridad Interior", ibid.: 135).

Sin embargo, pese a que la ley parece restablecer esa distinción fundamental, constituye un claro retroceso por el rol asignado a las FFAA como especialmente por el nuevo papel reservado a la Gendarmería y a la Prefectura Naval.

En la propia ley se dictamina la posibilidad del empleo subsidiario de elementos de combate de las Fuerzas Armadas en operaciones de seguridad interior, suscintamente en: 1. Apoyo logístico a solicitud del Comité de Crisis (Art. 27)[3]; 2. Preservación de la FFAA dentro de Jurisdicción Militar frente a todo atentado en tiempo de paz (arts. 28, 29); y 3. Por solicitud del Presidente de la Nación, previa declaración del estado de sitio (Art. 32)[4]. Eso último estaba con-

---

3   "Art. 27. - En particular el Ministerio de Defensa dispondrá en caso de requerimiento del Comité de Crisis que las Fuerzas Armadas apoyen las operaciones de seguridad interior mediante la afectación a solicitud del mismo, de sus servicios de arsenales, intendencia, sanidad, veterinaria, construcciones y transporte, así como de elementos de ingenieros y comunicaciones, para lo cual se contará en forma permanente con un representante del Estado Mayor Conjunto y Control de la Subsecretaría de Seguridad Interior."

4   Art. 31: "las Fuerzas Armadas serán empleadas en el restablecimiento de la seguridad interior dentro del territorio nacional, en

trapesado por estar limitado el hipotético accionar de las
FFAA a un "ámbito territorial específico", en situaciones de
"extrema gravedad" y que por su "carácter excepcional",
"no debía incidir en la doctrina, organización, equipamiento y capacitación de las FFAA" (134-135).

Pero además, la Ley de Seguridad Interior introduce
una modificación que supone una contradicción para la
doctrina de separación de seguridad interior y defensa nacional, ya que establece que *dos fuerzas de seguridad militarizadas podrán cumplir funciones en ambos campos*: esto se logra
cambiando la posición de la Gendarmería y la Prefectura
Naval Argentina en el organigrama de Defensa Nacional
y Seguridad Interior. En efecto en la Ley se establece "...el
empleo [en seguridad interior] de (...)las fuerzas policiales
y de seguridad de la Nación": Policía Federal, Prefectura
Naval, Gendarmería Nacional y las policías provinciales
(Art. 3). También se estipula que la Gendarmería, que de-
pendía del Ministerio de Defensa, pasará a depender del
Ministerio del Interior en asuntos concernientes a Seguridad Interior: "...El ministro del Interior tendrá a su cargo
la dirección superior de los cuerpos policiales y fuerzas de
seguridad del Estado nacional. Respecto de estas últimas,
dicha facultad queda limitada a los fines derivados de la seguridad interior, sin perjuicio de la dependencia de las mismas del Ministerio de Defensa, y de las facultades de dicho
ministerio y de las misiones de dichas fuerzas, derivadas

---

aquellos casos excepcionales en que el sistema de seguridad interior
descrito en esta ley resulte insuficiente a criterio del Presidente de la
Nación". Art. 32. "A los efectos del artículo anterior el Presidente de la
Nación, en uso de las atribuciones contenidas en el art. 86, inc. 17 de la
Constitución Nacional, dispondrá el empleo de elementos de combate
de las fuerzas armadas para el restablecimiento de la normal situación
de seguridad interior, previa declaración del estado de sitio.

de la defensa nacional (Art. 8)". Esta facultad implica, entre otras atribuciones, "Dirigir y coordinar la actividad de los órganos de información e inteligencia de la Policía Federal Argentina; como también de los pertenecientes a Gendarmería Nacional y Prefectura Naval Argentina, en estos últimos casos exclusivamente a los efectos concernientes a la seguridad interior" y "entender en la determinación de la organización, doctrina, despliegue, capacitación y equipamiento de la Policía Federal Argentina; e intervenir en dichos aspectos con relación a Gendarmería Nacional y Prefectura Naval Argentina, en estos últimos casos exclusivamente a los fines establecidos en la presente ley."

Como vimos la Gendarmería seguía apareciendo como "la gran ausente" en el análisis de las políticas de democratización en Argentina. Creemos que esta omisión es significativa en tanto la Gendarmería es la única fuerza junto con Prefectura que mantienen la doble función de Defensa y Seguridad Interior, encarnando una doctrina distinta a la separación taxativa entre ambos campos que había inspirado a la ley de Defensa y supuestamente también a la de Seguridad. Podría pensarse que, si la Gendarmería y la prefectura mantienen su estado militar y a su vez posee competencias en ambos campos, la ley de Seguridad se acercó nuevamente, aunque a una escala menor y de un modo camuflado, a la Doctrina de Seguridad Nacional.

La situación de la Gendarmería no podía ser más paradójica: mientras que se la apartó del ejército para "desmilitarizarla" y, al mismo tiempo, restarle poder a las FFAA, se la convirtió en la vedette de una re-militarizacion de la seguridad interior. Lo explicaremos a continuación.

EL "MALÓN" PIQUETERO

Durante el gobierno de Raúl Alfonsín existió un antecedente de la actuación de la Gendarmería en la seguridad. En 1989, a raíz del caos económico que precedió al llamado de elecciones anticipadas (donde triunfaría Carlos Menem) se produjeron saqueos de supermercados y comercios en el conurbano de Buenos Aires, Rosario y otras grandes ciudades. La Gendarmería fue convocada por el gobierno para reprimir los saqueos en Rosario porque las policías estaban completamente desbordadas.

Sin embargo, será durante la segunda mitad de la década de 1990 que se torne habitual que la Gendarmería sea llamada por el gobierno nacional para intervenir en la represión de conflictos sociales. En esa época comienzan a instalarse como principal metodología de protesta los cortes y vallados de rutas protagonizados por los "piqueteros", grupos de desocupados que reclamaban trabajo o asistencia por parte del estado debido a la grave crisis que atravesaba el país, que había generado un desempleo inédito en la Argentina. El poder ejecutivo presidido por Carlos Menem consideró a estos conflictos como un problema que amenazaba la gobernabilidad. Desde entonces, vertebró sobre la Gendarmería una incipiente militarización en la represión de la protesta. La militarización no se produjo por llamar al ejército, sino por recurrir a las capacidades

operativas, disuasorias y de potencia de fuego de la gendarmería, en tanto institución con formación doctrinaria y
organización militar.

Las acciones de los piqueteros estaban azuzadas por el
creciente desempleo a raíz de las políticas de ajuste neo-
liberales que caracterizaron la década. Entre esas políticas
y sus efectos se incluían primero el progresivo desman-
telamiento del aparato industrial, afectado por la apertu-
ra irrestricta a las importaciones de bienes en sectores del
mercado interno antes protegidos con barreras arancelarias
y paraarancelarias y los altos costos internos en términos
internacionales. La fijación legal de la paridad peso-dólar
por la Ley de Convertibilidad de 1991 encareció los insu-
mos nacionales, la mano de obra y los servicios públicos,
elevando el precio en dólares de los productos industriales
en comparación con los productos importados, perjudican-
do la balanza comercial de la Argentina.

En segundo lugar, se privatizaron casi todas las empresas estatales, como el caso de las petroquímicas, ferrovia-
rias y servicios de agua y energía, teniendo como una de
sus consecuencias el despido o retiro masivo de empleados. Tercero, se hicieron inviables algunas producciones
primarias de importancia regional, ante la quita de subsi-
dios y otros estímulos a la producción. Cuarto, el gobierno
realizó ajustes permanentes de salarios y personal en las
estructuras del estado nacional y lo propio efectuaron muchos estados provinciales. En quinto lugar, las provincias se
vieron afectadas también por la disminución de los recursos enviados por la Nación en concepto de coparticipación
federal. Sexto, se recortaron planes de asistencia social. A
raíz de este conjunto de medidas, el desempleo castigó fe-
rozmente a localidades industriales de Santa Fé, Córdoba
y Buenos Airesen y algunas localidades como Cutral-Có,

Río Turbio, y Plaza Huincul en la Patagonia y Orán, en Salta, quedaron a la deriva poblaciones enteras que se habían conformado en torno a enclaves monoproductivos estatales, básicamente en el área petroquímica, que fueron desactivados en pocos años.

Desde 1997 los cortes de rutas se expandieron masivamente desde Cutral-có hasta la provincia norteña de Jujuy, pasando por Córdoba, Santa Fé y Buenos Aires. En ese solo año los piqueteros efectuaron 104 cortes en doce provincias que representan las tres cuartas partes del país (*La Nación* 3/01/98). Sin contar los cortes paralelos en una misma ruta la mayoría se produjeron en Jujuy (23), Córdoba (17), Capital Federal y Buenos Aires (7), Neuquén (6) y Santa Fé (5) (*La Nación*, 03/01/98). Muchos se prolongaron durante meses o incluso años. Mientras que en algunos sitios se congregaron grupos de un centenar de personas, en otros como el caso de Cutral-Có y Plaza Huincul, se produjeron multitudinarias "pueblladas" y en algunas provincias, como Corrientes y Jujuy, las movilizaciones provocaron crisis institucionales que motivaron intervenciones del estado nacional, la destitución de gobiernos y su remplazo por una administración interventora. En Jujuy los piquetes que paralizaban las rutas más importantes se combinaron con acciones en las legislaturas provinciales y el apoyo de distintos gremios para forzar la renuncia del gobernador (*La Nación* 28/05/97). Niveles menores de intervención se produjeron también ante las movilizaciones generalizadas en Catamarca, Santiago del Estero y San Juan.

El gobierno de Carlos Menem se sentía amenazado por estos estallidos pero no estaba dispuesto a modificar su política económica. Mientras el ministro de economía Roque Fernández ensayaba una tibia autocrítica "Quizás no estamos administrando los recursos que tenemos, no se están aplicando de la forma más eficiente posible", el ministro del interior Carlos Corach llegó a proponer la transformación del sistema de estados provinciales creando regiones federales proponiendo segregar a las "provincias que tienen problemas estructurales e incluso de inviabilidad" (*La Nación*, 28/05/97).

Pero los conflictos eran motivo de preocupación para el gobierno no sólo por su carácter estructural sino por la relativa espontaneidad de las acciones de los piqueteros. Por un lado, se hacía difícil controlar cortes de ruta que surgían de golpe, a veces con menos de un centenar de personas, vallas e incendios, y se trasladaban o reproducían rápidamente en otros tramos de la misma vía o en otras rutas. Tampoco le resultaba sencillo negociar con los piqueteros dado que en general los grupos no respondían a las desprestigiadas dirigencias políticas locales y eran representados por organizaciones sindicales marginales a las grandes centrales obreras u organizaciones de izquierda de escasa voluntad de diálogo. Finalmente, las policías provinciales no parecían suficientemente efectivas para controlar las protestas, por su poca disposición a reprimir a los manifestantes, a raíz de su escasa capacidad operativa, la parcial identificación con las demandas de los piqueteros, o por el hecho de que muchas policías se encontraban a su vez en conflicto salarial con sus propios gobiernos.

A lo largo del año, la consideración por parte del gobierno de la escalada piquetera como un problema de gobernabilidad lo convenció de la necesidad de habilitar una capacidad represiva superior. Percibió a la Gendarmería como el recurso maestro a la mano para oponer a los piqueteros con una respuesta acorde a la magnitud de los conflictos y para suplir las funciones policiales en algunas provincias cuando éstas se autoacuartelaban a su vez por conflictos salariales con sus gobiernos. Sin embargo, abrigaba el temor a que la movilización de la Gendarmería fuera percibida como una militarización de la seguridad y como un retroceso en el proceso de democratización iniciado en 1983. Pero al mismo tiempo, como veremos más adelante, la asociación de Gendarmería a la represión militar era probablemente un efecto deseado por el gobierno para disuadir a la protesta más dura.

En abril de 1997 el presidente Carlos Menem lanzó la teoría de un resurgimiento y rearme "subversivo" generando una gran controversia en todo el espectro político (*La Nación*, 22/04/1997). Las teorías del "rebrote subversivo" y los debates sobre la seguridad en el interior motivaron la reunión del Consejo de Seguridad Interior, una instancia dictada por decreto y ratificada en la Ley de Seguridad Interior de 1991 para responder a crisis de seguridad que se postulan como fuera del alcance de las policías. Sin embargo, esta exacerbación gubernamental del fantasma de la "subversión" pareció más bien una amenaza a las movilizaciones, basada en el espectro de la represión de la última dictadura militar, que en un diagnóstico objetivo. En efecto, contra las expectativas del gobierno, ninguno de los delegados provinciales al Consejo de Seguridad Interior mencionó un "rebrote subversivo" en sus jurisdicciones –y si en cambio diversos problemas derivados de la falta de empleo (ibid.)–. Sólo los representantes de Córdoba mencionaron a Quebracho y Patria Libre, minúsculos grupos de izquierda que según el gobierno eran "peligrosos" porque exacerbaban la violencia (ibid.). La instrumentación por parte del gobierno del temor por un retorno a la etapa de la represión militar no pasó desapercibida. El entonces Gobernador de la Provincia de Santa Fé, Jorge Obeid, advirtió que debía tenerse cautela de hablar de un rebrote subversivo, afirmando que "Hay palabras que no me gustaría oírlas nunca más en mi vida y una de ellas es la palabra subversión, ya que pertenezco a una generación que prácticamente fue exterminada con la excusa de que había que combatir la subversión; Obeid propuso, en cambio, que los esfuerzos del gobierno se orientasen a "tratar de mejorar las condiciones de vida de los argentinos" (ibid.).

A partir de 1997 Menem dio lugar a la acción de la Gendarmería y comenzó un ciclo represivo donde la institución cumplió un rol fundamental, jalonado por la violencia y la muerte.

La Gendarmería fue responsable del hecho a partir del cual se instalaron los piqueteros como un actor político fundamental: la muerte de la manifestante Teresa Rodríguez, en abril de 1997, a raíz de la brutal represión de un corte de ruta en la comuna petrolera de Cutral-có. "A partir de este trágico episodio –afirma el editorialista del diario *La Nación*– los piqueteros en las rutas argentinas se convirtieron en un paradigma con el rostro oculto del descontento y la agitación social" (*La Nación*, 03/01/98). La Gendarmería quedaría signada también por la violencia de sus acciones represivas: en muchos casos se produjeron asesinatos por heridas de bala y enfrentamientos armados que nunca fueron debidamente aclarados. A veces la represión se desató habiendo completas instaladas en las rutas, en condiciones en que las propias policías locales en operaciones se inhibían de actuar. El diez de junio 1999 un juez había solicitado el envío de la Gendarmería a la provincia de Corrientes por un conflicto generalizado a causa del reclamo de empleados estatales, docentes, judiciales y policías por el cobro de haberes adeudados (*Clarín*, 10/05/1999). Durante el resto del año, el conflicto fue relativamente contenido hasta focalizarse en la ocupación por parte de familias completas de manifestantes de un puente que une Corrientes con la provincia del Chaco. El diecisiete de diciembre 1999, una semana después de la asunción del presidente Fernando De la Rúa, la Gendarmería, que había sido repelida por los piqueteros, recibió refuerzos y tomó el puente dejando un saldo de cincuenta heridos y dos muertos de bala (*Clarín*, 14/12/99). Aunque los ocupantes del puente acusaron a la Gendarmería de desplegar una violencia indiscriminada y utilizar balas de plomo el gobierno aseguró que hubo francotiradores "provocadores e infiltrados" que dispararon tanto a la gente como a los gendarmes (*Clarín*, 18/12/99).

Este episodio pudo servir como una alerta para que tanto el gobierno como la Gendarmería revisaran su papel en la seguridad, en particular durante una crisis social y económica muy cercana al estallido. Sin embargo, el ciclo represivo iniciado en 1997 fue en aumento. Según estadísticas de la Gendarmería, solamente en el año 2000 la gestión delarruista tuvo que resolver un promedio de un corte de ruta por día. Esto es, 307 manifestaciones durante los primeros 301 días del año (*La Nación*, 11/11/2000. "Graves disturbios en Tartagal tras la muerte de un piquetero"), lo cual triplicaba las cifras de 1997.

Las vecinas localidades de Tartagal y General Mosconi en Salta, donde confluían diversos conflictos y existían refinerías petroleras fueron el epicentro de las más duras protestas sociales y de hechos luctuosos de represión. La privatización de YPF y el despido masivo de personal local había originado fuertes protestas y los primeros antecedentes de cortes de ruta en 1991. La conflictividad se mantuvo durante toda la década. El 10 de noviembre del 2000 un corte de ruta en Tartagal fue reprimido por la policía y, ante la eficaz resistencia de los piqueteros, un agente mató de un tiro en la cara al líder, Aníbal Verón, chofer de micro que reclamaba por su sueldo adeudado hace 9 meses. Los piqueteros reaccionaron con una rebelión que incluyó el incendio de la estación de policía, tres patrulleros, el municipio, empresas, el Banco Nación y el saqueo de una armería, además de la toma de rehenes de cuatro policías.

Los cortes de rutas que Verón y otros ex trabajadores protagonizaron habían servido como un catalizador de la bronca social en el departamento San Martín, uno de los más pobres de todo el país. A la protesta se habían sumado los pueblos originarios. Sonia Escudero, secretaria de la gobernación de Juan Carlos Romero, se reunió con ellos y les prometió títulos para sus tierras milenarias a cambio de que abandonaran la ruta: los títulos nunca llegaron, pero los aborígenes y algunos desocupados ya habían dejado la lucha, lo que fue seguido por la represión policial que mató a Verón (*El Intransigente*, 6/10/2003).

El 11 de noviembre la Gendarmería tomó el control del área mientras los enviados del ministerio del interior exigieron que los piqueteros devolvieran las armas para iniciar conversaciones (*Clarín*, 12/11/2000). Las negociaciones se iniciaron y por unos meses cedió la represión. Pero el 17 de junio de 2001, en un corte de ruta en General Mosconi, fueron asesinados Oscar Barrientos y Carlos Santillán, probablemente por francotiradores de Gendarmería que estaban apostados sobre los tanques de combustible de las empresas petroleras de la zona (*Página 12*, 14/11/2002, "Los asesinos de Aníbal Verón siguen libres"). El juez Cornejo negó haber dado la orden para usar balas de plomo. Sin embargo, en un informe de la Gendarmería, que figura a fojas 1073 del expediente por el asesinato de Aníbal Verón, se detalla que las fuerzas de seguridad recibieron órdenes del juez para cambiar postas de goma por balas de plomo (*Página 12*, 14/11/2002).

Cornejo sostuvo que los piqueteros tenían armas escondidas en el monte, en base al testimonio de Edgar Cabrera, un discapacitado que habría sido torturado por los gendarmes que llegaron a cortarle una oreja. En los 24 cuerpos del caso no hay constancias de armas secuestradas a los piqueteros. "Vinieron unos gendarmes, me agarraron diciéndome que yo estaba cortando la ruta y me empezaron a pegar. Arriba del camión me dieron con la picana", declaró uno de ellos. Según otros testimonios El comandante de Gendarmería Víctor de la Colina "golpeó él directamente con trompadas a los camilleros Espinosa y Fernández, acusados de no haber socorrido a un gendarme" (*Página 12*, 14/11/2002).

El endurecimiento represivo de la Gendarmería durante el menemato se apoyó en una estructura que todavía mantenía en sus máximas jerarquías a represores de la dictadura militar. Los comandantes de los operativos más cruentos, en Cutral-Co. Tartagal y Corrientes habían estaban acusados de asesinar detenidos (*Página, 12* 27/01/2000). El Comandante Mayor Eduardo Jorge estuvo a cargo de la represión de Cutral-Co de 1997 donde fue asesinada de bala Teresa Rodríguez. Según el citado testimonio del gendarme Omar Torres, Jorge asistió personalmente a Domingo Bussi en la ejecución de detenidos con disparos a la cabeza y su posterior quema con neumáticos, nafta y aceite. Ricardo Chiappe, jefe de las tropas que desalojaron el puente en Corrientes, estuvo asignado a los campos de concentración de La Perla y Campo de Mayo. Ambos estuvieron en actividad hasta el año 2000, cuando luego de la represión en Corrientes fueron relevados durante el gobierno de De la Rúa. A partir de allí la escalada represiva iniciada a mediados de la década de 1990 disminuyó taxativamente. De modo notable, durante la crisis del 2001 y a pesar de haberse dictado el estado de sitio, la Gendarmería no actuó en la represión de las masivas manifestaciones que precipitaron la renuncia del presidente.

LAS LUCHAS INTER-FUERZAS: SEGURIDAD, GOBERNABILIDAD Y OPORTUNIDAD

Entre las acusaciones a la Gendarmería por el caso Maldonado, una especialmente conspirativa apunta a la manipulación política de sus pericias forenses. En ese caso, de su reciente peritaje de la muerte del fiscal Alberto Nisman, a cargo de la investigación de la voladura de la mutual judía AMIA (1992) en 2015 durante el gobierno de Cristina Fernández de Kirchner. El potencial asesinato de Nisman, quien tenía públicas desavenencias con Fernández de Kirchner, fue uno de los baluartes de la propaganda que colocó a la alianza Cambiemos y Mauricio Macri en el poder. La idea de su asesinato por orden de la ex presidente fue fogoneada hasta el hartazgo por los medios de comunicación y es revivida en cada instancia electoral. Sin embargo, los peritajes realizados por especialistas policiales y judiciales habían abonado la hipótesis de un suicidio. La reciente pericia de la Gendarmería, más de dos años después de la muerte del fiscal, dio nuevo sustento a la posibilidad de asesinato, desarrollando una cinematográfica hipótesis.

La pericia fue realizada un mes y medio después de la desaparición de Maldonado en el momento de mayor cuestionamiento a la institución y fue interpretada por muchos como un intercambio de favores con el gobierno de Macri

a cambio de protección y silencio sobre la supuesta responsabilidad de la Fuerza en el crimen de Maldonado. Reales
o no, acuerdos de este tipo han sido sospechados en el pasado como parte de pactos con gobiernos de turno o de las
luchas entre las propias fuerzas de seguridad.

Hacia fines de la década de 1990, cuando la Gendarmería pasó a constituirse en una pieza clave de la seguridad
interior, sus peritajes y funciones asignadas fueron vitales
en las estrategias del gobierno de Menem y de gobiernos
provinciales para poner coto al poder, las demandas salariales y la autonomía mafiosa de las fuerzas policiales, en
particular la Federal y la de la provincia de Buenos Aires.

La rigurosidad de los peritajes forenses es uno de los
principales activos profesionales atribuidos a la Gendarmería y son parte de una serie de capacidades de índole
policial que la Fuerza desplegó a partir de la década de
1990. En efecto, además del control y represión de conflictos sociales, y los peritajes, la Gendarmería creció en funciones policiales como la seguridad ciudadana y la custodia de posibles blancos del terrorismo islámico, luego de
las voladuras de la embajada de Israel y la AMIA. Los peritajes se hicieron famosos inclusive en el análisis de esos
atentados, o de casos resonantes como la muerte de Carlos
Menem (h), la explosión de la planta de fabricación de armas de Río Tercero y, sobre todo, como veremos, en crímenes de gatillo fácil de la policía. En casi todos los casos, sus
resultados fueron distintos, inclusive opuestos, a los de las
pericias judiciales o policiales.

Los peritajes y otras funciones policiales desarrolladas
por la Gendarmería fueron utilizadas como armas políticas
tanto por dicha institución como por distintos gobiernos
en detrimento de la policía. Un problema de fondo que se
había instalado en la agenda de la Seguridad a lo largo de

los 90: la creciente autonomía de las policías, especialmente las provinciales, y más especialmente, por su peso político y su poder material, la de la provincia de Buenos Aires o Bonaerense. Esta falta de control se tradujo en altísimos niveles de corrupción incluyendo estructuras dedicadas al crimen organizado integradas dentro.

A partir del asesinato del reportero gráfico José Luis Cabezas a principios de 1997 para silenciar sus investigaciones que vinculaban al empresario Alfredo Yabrán con el gobierno menemista, la corrupción y las mafias instaladas en la Policía de la Provincia de Buenos Aires esta pasó a constituir un problema político de primer orden. Gran parte de su personal subalterno y jerárquico estaba implicado en el tráfico de drogas, robo de vehículos y otros delitos con ribetes políticos como el propio asesinato de Cabezas o inclusive la voladura de la AMIA. Paralelamente los casos de violencia policial como los apremios ilegales o el asesinato de sospechosos aumentaron notablemente. La Bonaerense, al igual que otras policías provinciales y la Federal, sobresalía por la discrecionalidad de sus métodos y la falta de respeto a los Derechos Humanos en sus procedimientos, que habían originado numerosas denuncias por casos de gatillo fácil, desapariciones, apremios ilegales, etc. Para el Informe Anual sobre Derechos Humanos en Argentina del CELS la "cuestión policial" fue uno de los ejes de la situación de los derechos humanos durante 1997 (CELS 1998, CELS/Human Rights Watch 1998).

A todo lo anterior se sumaba el hecho de que la policía había comenzado a realizar inéditas medidas de fuerza como el autoacuartelamiento y la huelga en diversas provincias. Estas acciones se orientaban por un lado al reclamo de pago de sueldos atrasados o aumentos, pero también representaban en muchos casos chantajes políticos a los gobiernos provinciales y al nacional y un problema grave de gobernabilidad ya que dejaban indefensa a toda la población creando inmensas "zonas liberadas".

El problema era acuciante también por la magnitud del poder material de la institución: la Bonaerense contaba con 47.000 hombres, mientras que el total de las Fuerzas Federales era de 66.000 –de los cuales 17.000 correspondían a la Gendarmería Nacional–. A ese verdadero ejército había que agregarle otro contingente, no oficial, que había crecido exponencialmente durante la década y tampoco estaba fiscalizado: las agencias de seguridad privada, nutridas por ex-agentes policiales y de las Fuerzas Armadas, que sumaban 50.000 guardias inscriptos y otros 25.000, aproximadamente, sin registrar (ibid.).

Los políticos temían más aún que a los problemas de inseguridad, al poder que la policía había adquirido de condicionarlos, poniendo en crisis la propia autoridad del estado, pero también en forma individualizada, a partir del control de información comprometedora sobre ellos. Como refería un alto oficial de la Gendarmería que entrevisté, hablando sobre la tradición de golpes militares en Argentina, un "golpe de la policía" era mucho más probable a futuro que uno del Ejército. A su vez, como lo demostraban algunas maniobras, negociaciones y connivencias de sectores policiales y políticos, existía la posibilidad de una asociación mayor para la toma del poder. Lo mismo pasó, según su opinión, con el Ejército en 1976; no hizo el golpe de estado por tener los tanques sino porque lo habilitó el poder político.

El poder creciente de la policía parecía derivar en la emergencia de una peligrosa "conciencia política" corporativa. Esto llevó a un consenso entre el oficialismo y oposición sobre la necesidad de realizar cambios profundos en la estructura de la seguridad (*La Nación*, 16/02/97). Tal consenso no se materializó en una nueva Ley de Seguridad si no en la distribución de nuevos roles a la Gendarmería y en la participación de esta fuerza en la investigación de la Bonaerense y la Policía Federal, que posibilitó ulteriormente la intervención de la primera por parte del gobierno de la Provincia al final de la gobernación de Eduardo Duhalde.

Las pericias de la Gendarmería tuvieron un rol fundamental en este respecto. Demostraron generalmente la responsabilidad criminal del personal policial, aunque los peritajes policiales previos los habían exculpado. Este es el caso, por ejemplo, de la muerte del obrero Víctor Choque durante una manifestación en Tierra del Fuego en 1995, en el cual la Gendarmería analizó 250 armas permitiendo demostrar la culpabilidad de la policía y condenar a un comisario a 9 años de cárcel (*Clarín*, 28/09/1999).

En la investigación del asesinato del reportero gráfico José Luís Cabezas a principios de 1997 el servicio de inteligencia de la Gendarmería habría tenido un papel decisivo al develar el vasto esquema de seguridad del principal sospechoso empresario Alfredo Yabrán, con ramificaciones en la policía y distintos organismos estatales, además de un ejército privado de custodios (*La Nación*, 15/06/97). El servicio de inteligencia de la Gendarmería habría difundido el informe que circuló entre organismos de inteligencia, legisladores, periodistas y funcionarios describiendo al sofisticado y poderoso aparato de seguridad de Yabrán como "más eficiente que el del propio estado". El periodista Joaquín Morales Solá afirmó al respecto que la Gendarmería poseía "la más eficiente agencia de inteligencia del país" (ibid.).

A fines de 1997 un juez solicitó formalmente a la Gendarmería que investigara a la Bonaerense por un caso en que se encontraban involucrados un alto número de policías. Según el artículo de *La Nación* (02/12/1997) esto fue

interpretado como "Un cuestionamiento implícito para la
Policía Bonaerense, jaqueada por una sucesión de escándalos protagonizados por sus efectivos". Según se menciona,
la actuación de la Gendarmería sólo se frenó porque el gobierno de la Provincia a través de su Secretario de Seguridad "se movió para evitar que la Gendarmería dijera que
sí". El requerimiento fue rechazado por la Fuerza con el argumento de que "no se encuadraba en lo estipulado por la
Ley de Seguridad Interior".

A raíz de los hechos descriptos, sobre todo luego del
asesinato de Cabezas, el 7 de diciembre de 1997 se puso
en marcha el proceso de intervención de la Policía de la
Provincia de Buenos Aires. Todo el personal fue puesto en
disponibilidad y muchos comisarios, inclusive el jefe de la
institución, fueron pasados a retiro.

En lo que restaba de la década, la rivalidad de la Gendarmería y la Bonaerense se acentuó. En setiembre de 1999
se produjo el asalto y toma de rehenes en un banco de Ra-
mallo, provincia de Buenos Aires. La policía había rodeado
el banco con cuerpos de elite y tenía controlada la situación.
Luego de una negociación aparentemente exitosa, cuando
los ladrones salían en un auto con los rehenes e iban a en-
tregarse, la policía disparó a mansalva sobre los delincuentes y sus rehenes, entre los que se encontraba el gerente y
empleados del banco, asesinándolos a todos y rematando
inclusive a los sobrevivientes. El evento, que era televisado
en vivo, conmovió a la opinión pública revelando la violencia y el descontrol de la policía. Ocurrió en los tramos
finales de la campaña presidencial en la que Eduardo Duhalde, gobernador de la Provincia de Buenos Aires, era el
candidato por el peronismo. Como la inseguridad era tema
tope de la agenda política, la denominada "Masacre de Ra-
mallo" selló definitivamente sus aspiraciones y puede ser

considerada un crimen político destinado a este fin. Un sabotaje de la policía a Duhalde, a raíz de su intervención de la fuerza dos años atrás y los masivos despidos que alcanzaron a un alto porcentaje de su personal jerárquico. Desde el comienzo de la investigación, el juez de la causa encargó a la Gendarmería el peritaje de las 110 armas y el automóvil acribillado por las sospechas sobre destrucción de pruebas y otras irregularidades por parte de la policía (*Clarín*, 21/09/1999). El peritaje, que fue considerado uno de los mayores de aquellos años (*Clarín*, 28/09/1999), develó la identidad de los policías que dispararon sobre los rehenes.

La Gendarmería afectó a la Bonaerense y a la Federal en otro frente. Sus investigaciones lograron que el comisario Juan José Rivelli, hombre de estrecha confianza del entonces jefe de la Bonaerense, Pedro Klodczyk, fuera procesado como partícipe necesario del atentado a la AMIA y el 1° de junio de 1999 allanó la sede de la Policía Federal por la investigación del atentado en la embajada de Israel. La custodia de los "objetivos judíos" era también una función que el gobierno había asignado a la Gendarmería quitándosela a la Federal, a raíz de las investigaciones que la primera realizó sobre la participación de policías en las voladuras de ambas sedes judías.

Tras la asunción en el año 2000 del nuevo gobernador de la provincia de Buenos Aires Carlos Ruckhauf, las reformas policiales se frenaron y la intervención a la Bonaerense quedó sin efecto. Pero la rivalidad entre la Gendarmería y la Policía se mantuvo. En enero del mismo año asumió el nuevo Comandante de Gendarmería, Hugo Miranda, con un importante espíritu de reforma y planes de crecimiento para la Fuerza. Miranda colocó 4.500 hombres más en la calle desplazando nuevamente a la policía de sus espacios tradicionales (*Clarín*, 11/8/2002). La Gendarmería copó a

la Federal en el control de autopistas, algunas líneas de fe-
rrocarriles y la seguridad de hipermercados en tiempos de
saqueos lo cual además de asignaciones presupuestarias
suponía los aportes de las empresas privadas, que pagaban
30 pesos diarios por gendarme mientras que la Federal co-
braba 50 por agente.

Con la asunción de Miranda la Gendarmería puso pie
en la Aduana con 350 efectivos para colaborar en el control
del contrabando y obtuvo una mayor autonomía para trabajar en la zona caliente de la "triple frontera" entre Argentina, Brasil y Paraguay. Esta tarea parece haber afectado en
forma significativa a la Bonaerense, a la que además, casi
como una provocación, le había quitado "territorio" tradicional en otro ámbito, el control de egresos e ingresos a la
Capital Federal.

Ambas fuerzas cruzaron acusaciones de participar del
crimen organizado. En enero del 2000 se hizo público un
enfrentamiento entre el Comandante de la Gendarmería,
Hugo Miranda, y el Ministro de Seguridad Bonaerense –y
jefe político de la policía– el comisario retirado Ramón Verón. Ensayando explicaciones al acuciante problema de la
inseguridad en la provincia, en un acto público Verón efec-
tuó un pase de factura a la Gendarmería señalándola como
parcial responsable del incremento del delito en la provincia. La Gendarmería, dijo el ministro, "debe actuar con una
actitud más profesional: muchos de los daños que padece-
mos en las zonas urbanas provienen de las fronteras, por el
tráfico de armas y drogas". Luego, en una evidente alusión
a la diversificación de Gendarmería en seguridad interior,
insinuó también que las zonas fronterizas "no pueden quedar descuidadas" y que esta Fuerza "tiene funciones muy
importantes y sus actividades no deben permanecer sin
estrategias". Verón insinuó incluso la posible connivencia

de la Gendarmería con el tráfico de drogas: "Hace una se-mana mostramos un cargamento de 500 kg. de marihuana. Eso no entró volando. Pasó por los puestos de frontera del límite entre la Argentina y Paraguay. Eso provoca muchísi-mo daño a nuestra juventud, ya que entra también cocaí-na y heroína" (*Clarín*, 22/01/2000). Miranda, por su parte, contraatacó con un tema sensible para la Bonarerense: el tráfico de autos robados hacia el Paraguay, un delito que se sospechaba era organizado por personal de dicha institu-ción: "Nosotros, en la frontera, nos la pasamos secuestran-do autos que son robados en la provincia de Buenos Aires. Y yo no creo que por eso tenga que criticar a la policía, que hace un trabajo muy valioso". Miranda reconoció que en la frontera sólo se secuestraba entre el 5 y el 10% de la cocaí-na que entraba al país y prometió dedicar "la mayor canti-dad de recursos para luchar contra las drogas y el contra-bando" llevando 1000 hombres más a la zona de la "triple frontera" (*Clarín*, 22 de enero de 2000).

En febrero, luego del masivo envío de Gendarmes, el gobierno tuvo que negar una lucha entre las agencias de seguridad que parecía tener ribetes de guerra fría. Un gen-darme torturado asesinado en un confuso episodio en la frontera con Paraguay fue atribuido a un enfrentamiento entre las fuerzas de seguridad (*La Nación*, 13/02/2017). El entonces Secretario de Seguridad Enrique Mathov des-mintió enfáticamente la versión aduciendo que se trataba de una represalia de los contrabandistas, enfurecidos por los mil efectivos de Gendarmería desplegados en la triple frontera, y que hacían inteligencia para desprestigiar a la Gendarmería. El gobierno de Misiones, sospechado de complicidad con los contrabandistas, había reaccionado negativamente al envío de los gendarmes quejándose de una "militarización" de la provincia.

El cargamento por el que fue asesinado el Cabo Vives era de tabaco según algunas fuentes, y de cocaína según otras. Paradójicamente, Miranda será expulsado en agosto de 2002 acusado de apropiarse de cigarrillos decomisados que debían ser quemados. "Lo de los puchos acabó con el mito de la Gendarmería honesta", abundó un informante del Gobierno con peso en el área (*Clarín*, 11/08/2002).

Analizando lo dicho, la Gendarmería se vio favorecida por las necesidades del poder político de contener a los piqueteros y a las policías. Al igual que la protesta social de los piqueteros, la cuestión policial fue interpretada desde el gobierno como un problema de gobernabilidad y en ambos casos, recurrir a la Gendarmería fue una de las principales respuestas para resolverlo y esta supo aprovechar una oportunidad histórica para ganar posiciones en la lucha por los recursos estatales y por el poder dentro del estado. Pero esta ganancia de posiciones implicaba asumir conflictos con las otras fuerzas y tensar el muy precario equilibrio del ecosistema de seguridad.

Durante entrevistas que mantuve en el año 2001 con los asesores de la Comisión de Seguridad de la Cámara de Diputados, dirigida por Horacio Jaunarena, estos reconocieron que la Gendarmería habría vivido grandes cambios a partir de su traspaso (junto con la Prefectura Naval Argentina) de la dependencia del Ministerio de Defensa al Ministerio del Interior. La Gendarmería habría tomado a partir de allí "estado público" modificándose su histórico "bajo perfil" considerado su característica tradicional por los asesores y como pude comprobar, por los propios gendarmes. Pero para los asesores de la Comisión, estas actividades no explicaban de suyo el protagonismo de la Gendarmería sino que serían manifestaciones de causas más profundas.

La explicación principal habría que buscarla en la puja

entre las Fuerzas Armadas y de Seguridad por los recursos estatales. Por un lado, afirmaron los entrevistados, esta situación deriva de tendencias históricas en el proceso de estructuración institucional y regulación legal del área. Las Fuerzas siempre habrían competido por recursos, a raíz de que el desarrollo de las políticas de Seguridad fue históricamente anárquico en la Argentina. Más que el fruto de políticas de Estado, la estructuración del sistema de seguridad sería resultado de sucesivas enmiendas de acuerdo a las necesidades y posibilidades políticas coyunturales de los distintos actores involucrados: el Ejecutivo, el Parlamento, las propias Fuerzas, etc. Los cambios fueron casi siempre efectuados por decreto, transformándose posteriormente en leyes. Esto explicaría por qué que el sistema se caracteriza por la duplicación de tareas y organismos, la superposición de funciones y, en síntesis, ambigüedad de límites a la competencia de cada Fuerza. De hecho, esta situación parece reflejarse en la Ley de Seguridad Interior de 1992: en el Art. 19 se determina como "obligatoria la cooperación y actuación supletoria entre Policía Federal, Gendarmería Nacional y Prefectura Naval Argentina" y en el 20 se especifica que "los efectivos de cualesquiera de las instituciones policiales y Fuerzas de seguridad del Estado nacional podrán actuar en jurisdicción atribuida a otras en persecución de delincuentes, sospechosos de delitos e infractores o para la realización de diligencias urgentes relacionadas con su función, cuando esté comprometido el éxito de la investigación, debiendo darse inmediato conocimiento, y dentro de un plazo no mayor de cuatro horas (…) al Ministerio del Interior y a la institución policial o de seguridad titular de la jurisdicción".

A la competencia inter-fuerzas por los nichos institucionales, la ambigüedad de límites y la superposición de funciones habría que agregar otros dos factores de riesgo: el temor a una reducción presupuestaria y la incertidumbre por los futuros espacios que le restarían a cada fuerza de cumplirse las expectativas de una reforma general del aparato de seguridad en el país.

La lucha por los recursos y por no quedar fuera del organigrama en un contexto de acelerados cambios es lo que generaría lobbys o incluso, como el caso de la Gendarmería, estrategias de imagen para "venderse" ante la opinión pública y estamentos de decisión. "Todos hacen lobby" enfatizaba un asesor "aunque nadie lo reconozca para su propia Fuerza". Y al contrario que la opinión que nos brindó una calificada especialista en el tema (Ruth Diamint, comunicación personal) este lobby lograría incidir en las orientaciones de las políticas gubernamentales.

El cuadro que pintaban los asesores de la Comisión de Seguridad no era sólo de una desorganización del andamiaje interinstitucional sino prácticamente de anarquía y desgobierno del mismo. En este contexto, las Fuerzas se investigaban, saboteaban y tal vez se atacaban mutuamente. Pero paradójicamente, este panorama se veía agravado por las acciones que los gobiernos desarrollaban para mantener el control sobre las tendencias autónomas de las Fuerzas de Seguridad. La competencia entre instituciones sería el resultado también de una estrategia de gobernabilidad donde "Si yo tengo una única fuerza no puedo controlarla". La estrategia de la división y control recíproco, afirmaban los entrevistados, seguía ejemplos de EEUU y Canadá para evitar la corrupción y la actuación de organizaciones delictivas dentro de las instituciones.

LOS USOS DE LA MEMORIA:
EL ESTADO MILITAR COMO VALOR ESTRATÉGICO

Uno de los cambios fundamentales de la Gendarmería durante la década de 1990 es la construcción de un auténtico espacio propio, autónomo con respecto al Ejército, dentro del esquema militar y de seguridad en la Argentina. Pero la Gendarmería debió realizar importantes esfuerzos para luchar por este espacio; no sólo para convencer al gobierno y el poder político en general sino para evitar ser vista por la sociedad como una avanzada militar en la seguridad interior o peor, como una suerte de golpe militar solapado. Todavía estaban frescas las memorias de las atrocidades cometidas durante la última dictadura y las rebeliones de los "carapintada" que habían desprestigiado a los militares al punto que aún no podían caminar por la calle con su uniforme sin exponerse a insultos y agresiones.

En esos años tanto los comandantes de Gendarmería como los asesores de la Comisión de Seguridad de Cámara de Diputados calificaban Como problemática la posible identificación popular de los gendarmes con el Ejército. Especialmente el problema con el protagonismo represivo de la Gendarmería estaría dado por las secuelas de la represión durante la última dictadura militar, tanto en la sociedad en general como entre los propios gendarmes, muchos de los cuales habían estado activos en esa época. Por un lado, afirmaron que "la división entre seguridad y defensa en el contexto del estado de derecho" habría cambiado "pautas culturales muy arraigadas de la cuestión militar" que dificultarían que la Gendarmería aparezca como fuerza de choque en la represión de conflictos sociales. Por otro lado, se refirieron a que muchos gendarmes se oponían a ocupar este rol represivo por temor a ser vistos como "las SS del país". Aunque los entrevistados no lo dijeran en forma directa, deslizaron que estas dificultades radicaban en las experiencias de la represión durante la dictadura militar. Así, cuando se refirió a las supuestas iniciativas de algunos políticos para que la Gendarmería profundice este papel, fue taxativo en afirmar que, de cara a la sociedad, era "impracticable por las secuelas de la represión" ya que "todavía están velando los muertos".

Como hemos expuesto, la Gendarmería mantuvo una estrecha dependencia del Ejército durante la mayor parte de su historia. Durante las primeras décadas, la mayoría de los cuadros jerárquicos y gran parte del personal eran miembros de esta fuerza, aunque sus funciones originales eran más bien de carácter policial. La subordinación y dependencia respecto del Ejército alcanzó el grado más alto entre las décadas de 1960 y 1980, cuando pasó a depender orgánicamente de ésta fuerza y su pico fue durante la dictadura militar de 1976-1983. Pero a partir de la promulgación de la Ley de Seguridad Interior en 1992 y el paso de la Gendarmería y la Prefectura a la dependencia del Ministerio del Interior en 1996 se produjo un cambio fundamental, ya que se quebró esta dependencia institucional. Los Directores nacionales de la Gendarmería pasaron a ser oficiales de las propias filas, rompiendo la histórica estructura donde provenían del generalato del ejército. Timar Musumeci y Hugo Miranda fueron los dos primeros directores gendarmes de la Gendarmería en el nuevo período.

Según comentaron algunos comandantes entrevistados, Musumeci aún era partidario de la dependencia orgánica de la Gendarmería respecto del Ejército y mantenía la estructura y jerarquía heredada del mismo. Pero dicha estructura (Director, Subdirector, Planas Mayores) entró en crisis con la proliferación de nuevas y mucho más específicas funciones que requerían una mayor profesionalización, además de respuestas rápidas, conocimientos técnicos, legales, inclusive manejo político, apropiados. La llegada del Comandante Hugo Miranda a la conducción marcó un hito en la "gendarmerización" de la Gendarmería la cual, además de focalizarse en la identidad institucional estuvo acompañada de una descentralización de la toma de decisiones y una mayor horizontalidad de sus cuadros. Además, como he mencionado en un capítulo anterior, Miranda generó lo más parecido a una autodepuración de la fuerza de su pasado represivo disponiendo el relevo de algunos comandantes que habían sido responsables de centros clandestinos de detención de la dictadura y a su vez comandaron las represiones más cruentas contra piqueteros, en Corriente, Cutral-Co y Tartagal (*Página 12*, 27/01/2000).

Sin embargo, la participación de Gendarmería en la represión de conflictos sociales o la custodia de "objetivos judíos y musulmanes" y el patrullaje de las calles en ciudades como Buenos Aires y Mendoza habían expuesto a la institución a una reacción negativa de la opinión pública.

En octubre de 1998 *La Nación* publicó un artículo titulado "La ciudad fue tomada por hombres de verde" que relata la llegada de 1300 gendarmes a la ciudad de Mendoza (capital de la provincia homónima) para controlar la seguridad a raíz de la sublevación de la policía provincial por reclamos salariales. Fuentes de la gobernación habrían afirmado que resultaba más económico utilizar la Gendarmería que aumentar los salarios policiales, pero que "el único problema es que no es lindo ver tu ciudad tomada por hombres de verde". En la revista *Centinelas* de febrero del 2000, el Jefe de la Agrupación Seguridad Objetivos Especiales, que cubren los edificios judíos y musulmanes en la Ciudad de Buenos Aires, Comandante My Enrique Della Gáspera, sugería que "En la práctica, cubrir objetivos fijos en la Capital Federal significó un gran impacto sobre el personal (…) Para la sociedad toda una incógnita y, por qué no, una mirada recelosa ante los uniformes verdes en las calles porteñas" (*Centinelas* 2000: 30). Según cuentan los asesores de la Comisión de Seguridad, por su parte, el malestar de algunas organizaciones judías por la "eficacia simbólica" de los uniformes–iguales a los del Ejército–en convocar el fantasma de los militares en las calles, habría motivado que la Gendarmería lo modificara. Cambió el uniforme de los efectivos de custodia entre otras cosas el color, reduciendo su aspecto militar.

Pero la asociación simbólica de los uniformes de Gendarmería con el Ejército (y el pasado represivo) fue también objeto de manipulación política por parte del Gobierno. En noviembre de 1999, por ejemplo, el gobernador de Buenos Aires Carlos Ruckauf que había suscripto la Ley de Seguridad Interior, pidió sin embargo al gobierno central gendarmes para patrullar las calles bonaerenses y ayudar a poner coto a la persistente ola de inseguridad. Junto con una política de "tolerancia cero" contra el delito, "apelar a los hombres de uniforme verde" era "uno de los primeros remedios que el ministro piensa aplicar" (*La Nación*, 18/11/1999). En esta misma línea, aunque sin mencionar los uniformes, pareció ubicarse la convocatoria a la Gendarmería para patrullar las calles de Buenos Aires por parte del entonces presidente Menem, siete meses antes, cuando afirmó que "vamos a combatir con todas nuestras fuerzas a la delincuencia (…) la Gendarmería, si es necesario, la vamos a sacar", "habrá tolerancia cero y mano dura en el marco de la ley" (*La Nación*, 15/04/1999).

La referencia a uniformes verdes en las calles como así también la asociación de la Gendarmería con los militares remite a una utilización positiva de las memorias de la dictadura y es inequívoca la alusión a los golpes de estado cuando los militares tomaban las calles e instituciones. También, entroncando con la vieja imagen autoritaria según la cual la presencia militar representa la reconstrucción del orden. Los asesores de la Comisión de Seguridad no tuvieron eufemismos en explicar la principal razón por la cual los gobiernos preferían que la Gendarmería fuera afectada a funciones de Seguridad Interior: "meten más miedo".

Entonces, más allá de sus efectos negativos, para la Gendarmería sus características militares pueden tener un alto valor estratégico. Los mismos asesores de la Comisión de Seguridad que observaban como un problema la identificación de los gendarmes con el ejército, admitían que la propia fuerza, con su director Miranda a la cabeza, estaría muy interesada en mantener su estado militar, como un modo de competir por espacios y recursos con las fuerzas policiales y las propias fuerzas armadas. Este es el caso, por ejemplo, de las propuestas y presiones de EEUU para la participación de las FFAA en la lucha contra el narcotráfico, una reunificación de la Seguridad Interior y la Defensa Nacional.

En un artículo Publicado en *La Nación* de mayo del 2000 titulado "Discuten el alcance del papel militar" (*La Nación*, 04/05/2000) se informaba que a raíz de instrucciones del

Presidente De la Rúa a las FFAA para que intervinieran con un papel central en la lucha contra el narcotráfico con tareas de "inteligencia exterior" se habría revelado la "existencia de un debate dentro del gobierno que todavía no salió a la superficie: el alcance del papel militar en las políticas de seguridad interior y exterior."

La iniciativa de De la Rúa habría estado influida por EEUU, alarmado por la crisis colombiana y el avance de las FARC. El entonces ministro de Defensa, López Murphy, en coincidencia con los altos mandos militares, habría planteado la necesidad de unificar ambas áreas, aspecto resistido por otras figuras de la coalición gobernante como Raúl Alfonsín, uno de los promotores de la doctrina de la división entre Seguridad Interior y Defensa Nacional, y por Federico Storani, Ministro del Interior, quién temía un avance de las FFAA sobre las de Seguridad. Finalmente, esta injerencia militar sería ampliamente resistida ya que

> "(…) implicaría dejar de lado la distinción entre seguridad interior y seguridad exterior que caracterizó a la doctrina que predominó desde 1983 (…) Esta diferenciación se marcó a fuego en las leyes de Defensa Nacional (23.554/88) y de Seguridad Interior (24.059/92), (…) Desde la restitución de la democracia, el PJ y la UCR defendieron a ultranza el principio por el cual las FFAA no pueden actuar en operaciones ni en inteligencia interior. Este es el telón de fondo de la directiva presidencial a los mandos castrenses de ingresar en la lucha contra el narcotráfico" (La Nación, 04/05/2000).

En realidad, la Gendarmería disputaba este tema con el Ejército desde mucho antes, por lo menos 1997, en plena etapa de reconversión de la fuerza: en ese año fue relevado el Comandante de la III Región de Gendarmería, José Ricardo Spadaro, por no estar de acuerdo con la participación del ejército en la lucha contra el narcotráfico, aspiración de EEUU que el Presidente Bill Clinton ya habría conversado con su par argentino Carlos Menem. Spadaro también se habría opuesto a un proyecto de reestructuración de las FFAA que hubiera implicado unificar a la Gendarmería con éstas y la desaparición de su comando propio (*La Nación*, 10/01/97). Spadaro habría discutido esa iniciativa porque las tareas previstas para las FFAA, como la de inteligencia en la lucha contra el narcotráfico, podían superponerse con las funciones a cargo de la Gendarmería. Y a pesar de que afirmó que "las FFAA no lo quieren y nosotros creemos que no es posible" esa participación y que su rol "debería limitarse a tareas de inteligencia exterior", el jefe del Estado mayor Conjunto de las FFAA defendió la participación del sector afirmando que los militares "no pueden permanecer inactivos" ante ese flagelo (ibid.). Un oficial de Gendarmería que entrevistamos sostuvo que Spadaro reflejaba la opinión de la amplia mayoría de los gendarmes "sólo que él se animó a expresarla".

Lo interesante es que a pesar de que el estado militar es un aspecto crítico de la imagen de la institución, constituye al mismo tiempo uno de los factores que parecen favorecer su éxito o estima para ocupar ciertas funciones. La Gendarmería se habría beneficiado por el desprestigio de las Fuerzas Armadas ante la opinión pública y los concomitantes consensos políticos en torno a la limitación de su injerencia, al mismo tiempo que habría logrado administrar o neutralizar los efectos de estos mismos factores sobre sí misma atendiendo a sus propios fines institucionales. Además, utilizó con ventaja estos factores en función de un emergente contexto doctrinario internacional en materia militar, que le permite disputar recursos y funciones con la policía.

Los asesores de la Comisión de Seguridad de la Cámara de Diputados señalaron que cuando la Gendarmería pasó a depender del Ministerio del Interior habría influido en la decisión la existencia de una serie de problemas emergentes en el campo de la Seguridad: las "nuevas amenazas", entre las que mencionaron el "tráfico ecológico", "narcotráfico", "tráfico de niños", el "narcoterrorismo". Asimismo, la existencia de estas "nuevas amenazas" se vincularían con un concepto de seguridad que promovía fuerzas militarizadas que concentraran las actividades de policía y FFAA: las denominadas "Fuerzas Intermedias".

En la década del 1990 se habría adoptado la noción de que el peligro potencial para la soberanía de los estados nacionales provendría de una serie de actividades o grupos violentos con una organización paramilitar pero de localización ambigua que por su magnitud serían potencialmente desestabilizadoras de la integridad nacional. Además del narcotráfico, integraban esta lista el terrorismo islámico, y los movimientos indígenas.

Las nuevas amenazas, que se institucionalizaban en los Libros Blancos de Defensa (que cada país elabora como doctrina-guía para sus Fuerzas Armadas) eran el reemplazo de la doctrina de Seguridad nacional. En cierto modo el fin de la guerra fría había diluido la hipótesis del antiguo enemigo interno, el "comunismo", pero estos rótulos permitían legitimar la presencia de una maquinaria militar dispuesta a actuar en el interior de sus sociedades (Muzzopapa 2000). Otros autores han propuesto que con esta estrategia los aparatos industrial-militares y las corporaciones militares de las grandes potencias occidentales, particularmente EEUU justificaron la permanencia de los sistemas de defensa (Pinheiro Guimaraes 1995, ibid.). La teoría de las Fuerzas Intermedias postula las bondades de las fuerzas de seguridad militarizadas para enfrentar estas "nuevas" características de los conflictos modernos, supuestamente emergentes con los procesos de globalización y la caída, con el bloque soviético, del orden bipolar que regulaba las relaciones internacionales. Estas Fuerzas Intermedias aunarían mayores capacidades logísticas y operativas que la de las policías tradicionales para hacer frente a las denominadas "nuevas amenazas", permitiendo además concentrar estructuras y optimizar recursos.

Según se observaba claramente en sus ediciones institucionales, la Gendarmería buscaría con éxito posicionarse estratégicamente entre el campo de las Fuerzas Armadas y el de las de Seguridad adoptando el bagaje doctrinario de la denominada "Fuerza Intermedia". En un seminario organizado en 1999 por la Gendarmería titulado "Las Fuerzas Intermedias en el Tercer Milenio", al que asistieron autoridades y personalidades políticas nacionales y extranjeras, el Secretario General de la Gendarmería, Cte. Gral. Paulo E. Carro cincelaba el perfil de la Institución resaltando la aptitud de la Gendarmería para responder a la doctrina de las "nuevas amenazas" en tanto "Fuerza Intermedia".

> "(…) Lejos de desaparecer, los conflictos violentos se han multiplicado, sin poseer en la actualidad los densos componentes ideológicos de un pasado reciente (…) Un aspecto particular del nuevo escenario estratégico de nuestros días es el carácter transnacional de las amenazas, denominadas nuevas amenazas, a la seguridad de las naciones. Ofrecen características particulares que tornan hoy muy dificultosa su caracterización como interno o externo respecto de las fronteras físicas de cualquier estado particular (…)"

"Los requerimientos de todo tipo que nuestra Fuerza ha sufrido en los últimos tiempos, en relación con esta clase de situaciones, han superado todos los cálculos. Nos encontramos, entonces, inmersos en un escenario de amenazas graves y difusas como las que plantean el narcotráfico, el terrorismo, las sofisticadas organizaciones criminales internacionales y el agotamiento de los recursos naturales, al tiempo que esas causas junto con otras, tales como los movimientos poblacionales masivos, han dado lugar al fenómeno relativamente novedoso de la fragilización y la quiebra de los Estados.

Es en este marco, cada vez más repetido, inestable, contradictorio, poco conocido, donde adquiere neto perfil la necesidad de contar con fuerzas que, con roles bien diferenciados de los que competen a las fuerzas armadas y policiales, puedan actuar en gradación de conflictos, a través del ejercicio de la disuasión, de la aplicación de la ley, respetando los controles civiles y el manejo político del problema.

Es allí, donde irrumpen las Fuerzas Intermedias que, con su dualidad de función policial militar, pueden desenvolverse tanto en el ámbito interno como en el externo, en la Paz como en la guerra" (Centinelas 1999, N° 7:3).

Pero la represión a piqueteros no se menciona como "nueva amenaza" en el discurso de Garro, pese a ser una de sus principales funciones efectivas. En efecto: más que remitir a nuevos enemigos desterritorializados, ubicuos, modernos, desideologizados, aquellos evocan más bien los viejos antagonismos y las manifestaciones políticas que otrora nutrieron el panteón de enemigos de las Fuerzas Armadas en el contexto de la Doctrina de Seguridad Nacional: gente que lucha para defender puestos de trabajo, obtener ayuda económica o asistencia estatal, o bien no quedar excluida.

Entonces, el estado militar parece ser tanto el punto débil de la Gendarmería en cuanto a la construcción de una imagen institucional despegada del Ejército, pero también su fortaleza a la hora de disputar espacios con el mismo u otras fuerzas de seguridad. Por una parte, bajo el motor doctrinario de la Fuerza Intermedia, reivindicar el estado militar es fundamental para obtener recursos y ocupar espacios en detrimento del ejército; al mismo tiempo, este carácter militar, inclusive la asociación velada de la institución con la represión militar, puede ser un punto a favor en su perfil de fuerza de choque con "mano dura" que la diferencia de la inoperancia de la policía. Pero también, apoyándose en la doctrina de la Ley de Defensa y apelando al rechazo de la opinión pública y los políticos a la injerencia militar en cuestiones que pudieran estar ligadas a la seguridad interior, es necesario diferenciar este "estado militar" de *los militares*.

represión y Represión:
LA VISIÓN DE LOS GENDARMES

Desde el comienzo de mi investigación sobre la Gendarmería, me preguntaba qué pensarían los gendarmes sobre la represión de civiles, el aspecto más sensible de las tareas por las cuales habían adquirido fama en los años 90. ¿La considerarían con una actitud neutra y burocrática? ¿O vivirían fuertes pasiones, como una realización vocacional, sadismo, dolor o culpa? Me preguntaba, paralelamente, si sus experiencias durante la dictadura militar, en particular su participación en actividades represivas los continuaba afectando de algún modo. ¿Cómo las recordarían? ¿Cómo se recordarían a sí mismos? ¿Afectarían esos recuerdos sus emociones, su identidad? Surgió así una hipótesis: que ambos eventos debían estar relacionados en su percepción de los hechos. Tal vez inclusive existir una suerte de "trauma", que eventualmente se activase en el nuevo contexto de protagonismo represivo.

Esta hipótesis conectaba dos dimensiones: Las fuertes transformaciones de la Gendarmería durante la década de 1990 y las secuelas de la dictadura militar. Y responder estar preguntas desde una perspectiva antropológica implicaba conocer la percepción de los propios gendarmes, a través de un trabajo de campo o entrevistas en profundidad.

Esto sin embargo no parecía una tarea fácil. Los antro-
pólogos estamos acostumbrados a trabajar con ciertos tipos
de grupos más que con otros. En particular, con aquellos
que consideramos vulnerables, subalternos, débiles, explo-
tados o marginales; o con quienes podemos construir una
cierta identificación ideológica o humanista. Pero en este
caso, se trataba de un contacto directo con quienes a prio-
ri, para mi generación e historia, representaban un pasado
ominoso. Al mismo tiempo, suponía que los gendarmes
también tendrían una equivalente carga de prejuicios y recelo sobre mí. Yo era egresado de una facultad, la de Filosofía y Letras de la Universidad de Buenos Aires (UBA), y
de una carrera, consideradas tradicionalmente de izquierda. Ese antecedente, calculaba, me haría ser identificado
automáticamente como un "enemigo". Un izquierdista, un
hippie, un indigenista. Volviendo a la triste actualidad, un
"Santiago Maldonado".

En una entrevista a un alto oficial de Gendarmería, en el
Edificio Centinela, entró de repente otro oficial vestido de
civil. Mi entrevistado me presentó como investigador de la
UBA. Agregó, como entendiendo lo que yo estaría pensan-
do, que la UBA tenía una connotación *zurda*. "La conoce-
mos la UBA, él también es profesor de la UBA [en dere-
cho]". Y se rieron con cierta cortesía.

Era evidente que en caso de realizar las entrevistas se
iba a producir un "juego de espejos" donde cada uno con-
templaría al otro como el estereotipo que imaginaba. El
antropólogo le iba a hablar al "milico" represor y el gendarme al "hippie" zurdo. Como mínimo, los gendarmes se
negarían a ser entrevistados y proporcionar información a
un antropólogo que deseaba "hurgar" en su presente y su
pasado. Pero mi propia historia me brindaba algunos elementos que ayudarían a poder encarar ese diálogo. Por un

lado, a diferencia de muchos colegas que percibían a los militares como una entelequia o desde una perspectiva altamente idealizada, yo había tenido trato cercano con militares. Durante años realicé trabajo de campo en la frontera con Chile, haciendo base en una localidad que contaba con un escuadrón de la Gendarmería, por lo que había tenido frecuente contacto con gendarmes, baqueanos, reclutas y jubilados de la fuerza. Pero sobre todo, hice el servicio militar obligatorio a mediados de la década de 1980, y luego del período de instrucción militar estuve destinado como soldado a la custodia del Estado Mayor Conjunto de las FFAA. Esto me había permitido interactuar con gran cantidad de oficiales de alta graduación del Ejército, la Marina y la Fuerza Aérea, además de suboficiales y funcionarios del área de Defensa.

Coincidimos con un colega un poco más joven cuyo proyecto también lo llevó a un evento público de la Gendarmería que nos permitiría contactarnos con miembros de la institución. Pero me sorprendí cuando lo encontré en ese ámbito lleno de uniformes vestido con jean gastado, morral de lana tejida, zapatillas y el pelo largo y enrulado. Por mi parte, en lugar del típico uniforme de antropólogo de la época había ido vestido con saco, camisa, corbata y zapatos.

Como me di cuenta nomás trasponer los controles del Edificio Centinela, sede central de la Gendarmería, disponía aún de un *habitus* militar. Bastó el primer saludo militar para que mi mano hiciera automáticamente la venia, caminara por los pasillos como levando un paso de marcha, hablara a mis interlocutores con voz firme y utilizara el vocabulario, gestos y protocolos apropiados. Puede ser en parte por esta actitud, o como creo ahora por las propias expectativas de los gendarmes, pero mis previsiones no se cumplieron. Luego de alguna frialdad inicial, éstos se mos-

traran en general interesados, amables y con deseos de colaborar. Dedicaron a las entrevistas mucho más tiempo que
el que había esperado, compartiendo largas horas de conversación e interminables rondas de mate. Contrariamente
a mis suposiciones iniciales, los gendarmes deseaban hablar. Casi parecía como si hubieran estado esperando una
oportunidad de contar con un interlocutor que, como yo,
representaba de algún modo tanto a la "contra" como a la
sociedad civil. Contar su versión a la "subversión".

Sin embargo, los entrevistados impusieron una regla: no
grabar las entrevistas. Lo mismo exigieron posteriormente
los asesores de la Comisión de Seguridad de la Cámara de
Diputados. Su recelo se manifestó a pesar de que no había
planteado específicamente preguntas sobre el pasado represivo. Con un toque de humor, un suboficial de guardia
que preguntó mi filiación institucional, ante mi comentario
de haber realizado investigaciones para el CONICET[5] respondió "¿No será CONADEP?".[6]

Los oficiales entrevistados por su parte seguían cierto
patrón de conducta. Luego de las presentaciones, mostraban incomodidad ante la presencia del grabador hasta que
planteaban directa o indirectamente la necesidad de apa-
garlo para hablar. Desde el primer al último entrevistado
pensaban que ningún otro colega de armas se iba prestar
a una entrevista. Es decir, ellos suponían en sus camaradas las mismas conductas y prejuicios que yo podría haber
tenido. El primer oficial entrevistado me sugirió: "deciles
que no vas grabar ni que vas a poner nombres, porque si

---

5   Consejo Nacional de Investigaciones Científicas y Técnicas.
6   Comisión Nacional de Investigaciones por la Desaparición de las
Personas, organismo creado en 1983 por decreto del Presidente Raúl
Alfonsín para investigar las violaciones a los Derechos Humanos durante la última dictadura militar.

no no van a querer hablar, o se van a han hacer los boludos pero no te van a decir nada". Seguí sus consejos, y finalmente todos los convocados terminaron participando de largas y profundas conversaciones.

Según la hipótesis que esbocé mi objetivo principal era detectar hasta qué punto las memorias de la represión de los años 70 impactaban aún en la identidad de los gendarmes. Pero existían dos problemas difíciles de salvar. Ese tema era posiblemente el más problemático para plantear una entrevista. También, en caso de que accedieran, existía una alta probabilidad de que no fueran sinceros. Que me tomaran como "antagonista" y plantearan una postura muy ideologizada al respecto; que por el contrario manifestaran sólo una postura institucional estandarizada y no personal; o que sobre todo, con mis preguntas yo influyera en sus respuestas y dijeran lo que suponían que quería escuchar.

Adopté entonces el imperativo metodológico de no introducir el tema sino hablar la represión de conflictos a fines de la década de 1990 y principios de la del 2000, y observar si la represión de la dictadura militar era un tema planteado por ellos. Es decir, si al pensar en la *represión* convocaban en el recuerdo a la *Represión*.

Como pude comprobar, la represión de la última dictadura militar era uno de los ejes, sino el principal, de la identidad institucional. Sin embargo, esto no era por una defensa en bloque de aquella experiencia y de la participación de la Gendarmería en los hechos. Por el contrario, aparecía como un eje problemático, incluso maldito, de su identidad. Sea para evocarla como parte de un pasado nostálgico o conjurarla como un karma indeseado, la Represión marcó la institución a fuego. Y todos los entrevistados hablaron de ella colocándola como un tema central, sea cual fuere el tema por el que yo hubiera empezado a preguntarles.

Un oficial, sin que yo lo hubiese preguntado, comenzó a contarme que hubo muchos gendarmes represores durante la dictadura. Dijo que 1980, cuando estuvo en Córdoba, se encontró con suboficiales que estuvieron en Tucumán y en "La Escuelita", un famoso campo de concentración de la provincia. Muchos gendarmes, dijo, "vivían esas cosas como una cosa más tangencial". Sin embargo, su relato se extendió por más de una hora sobre las experiencias subjetivas de los entonces jóvenes oficiales. Otros entrevistados admitieron directamente haber participado, como uno que dijo: "yo estaba en la fuerza y por tanto debía participar". Pero nunca aclaraban en qué había consistido esa participación y fueron explícitos en que no me lo podían decir. Muchos revelaron la existencia un fuerte debate interno producido por la participación actual de la Fuerza en la represión de conflictos, y que estaría dado en gran medida por las secuelas de la Represión. Al preguntarle a este mismo entrevistado por la represión de conflictos sociales, emitió un largo suspiro, y aseveró que ésta era "una función odiosa". Poco antes, había aludido también como "funciones odiosas" a las realizadas durante la "época de la subversión".

Los gendarmes entrevistados aludieron a que existiría un "estado deliberativo" respecto de la conveniencia de actuar en esa función. Las principales razones eran "que no es bueno para la imagen de la Fuerza en la sociedad", que "complica al personal porque no está motivado", "lo afecta psicológicamente". Las memorias de la Represión emergían sin embargo como el principal problema que dificultaba a los gendarmes ocupar este rol represivo, y en rigor como el principal problema que los preocupaba.

Lo más notable, es que irrumpía en la conversación sin control por parte del hablante, tomando por asalto su propia voz.

Al hablar, muchas veces los actores utilizaban palabras que no guardaban congruencia el resto del enunciado, relato u opinión que estaban pronunciando. Estos términos eran principalmente "desaparecer", "desaparecido", "proceso" "golpe". En sí mismos nada tenían de extraordinarios. Pero lo notable era por un lado, que surgían de una manera abrupta, sin tener que ver demasiado con lo que se estaba diciendo, o en lugar de palabras más apropiadas, y por el otro que eran utilizados habitualmente en Argentina para referirse a la dictadura militar y las experiencias relacionadas con ella. Aparecían como un *lapsus*, espontáneamente y con una frecuencia llamativa provocando cierto sobresalto en los hablantes luego de haberlas pronunciado. Como si hubieran salido de sus bocas sin control y sorprendieran o avergonzaran a su locutor. Además, y fundamentalmente, hacían su aparición cuando el tema desarrollado era el rol protagónico que había adquirido la Gendarmería en la represión de la protesta.

En una larga entrevista un Comandante Mayor, jefe de una división de la Gendarmería, me contaba de cuando la institución comenzó a participar regularmente en la represión de conflictos durante la década de 1990. Completó de pronto una frase diciendo "y ahí fue el golpe...". Me quedé sorprendido porque "golpe" solía evocar casi automáticamente para un argentino al golpe de estado de 1976. Pero aquí la palabra era dicha para describir la actuación de la Gendarmería en seguridad interior durante el período democrático. Apenas dicho eso, el entrevistado titubeó, y luego aclaró: "cuando empezó a actuar la Gendarmería en esa función [la represión de la protesta]".

En otra entrevista, un comandante había descripto a la década de 1940 como el momento fundacional en que la Gendarmería se convierte en una poderosa y prestigiosa policía militar de las fronteras y territorios nacionales. Luego, cuando quiso pasar al período siguiente, se refirió al mismo como "después del proceso...". Se produjo un quiebre, guardó un inmediato y turbado silencio, y volvió a comenzar. ¿Se habrá proyectado la memoria de R. al o Proceso de Reorganización Nacional, la denominación de los militares para la dictadura de 1976-1983 y adoptada por la población que suele referirse a ella como "Proceso" o "época del Proceso"? Los actores no notaban muchas veces el uso extemporáneo de sus palabras. Pero cuando tomaban conciencia de ello, cambiaban inmediatamente de registro y de tema, o bien trataban de corregir más o menos sutilmente sus dichos. Sin embargo, lo más significativo para nuestra indagación es que invariablemente estas "palabras de la memoria" daban lugar a la entrada en la conversación de dos temas: la participación de la Gendarmería en la represión de conflictos en la actualidad y en la represión política de la última dictadura militar.

Los interlocutores producían entonces asociaciones conscientes e inconscientes entre las experiencias de la represión de los años 70 y la actuación de la Gendarmería en la represión de conflictos sociales. Esta relación se daba con una doble direccionalidad en la evocación de una u otra coyuntura histórica. En efecto, cuando la entrevista discurría sobre la participación de la institución en la represión durante la dictadura militar, los entrevistados casi siempre instalaban, en algún momento, su visión sobre el actual rol represivo de la Gendarmería en el ámbito de la seguridad interior como un problema central. Recíprocamente, cuando los actores problematizaban el papel actual de la institución en la represión de conflictos, terminaban estableciendo el vínculo con aquel pasado como un marco de referencia o inteligibilidad para las percepciones, reflexiones o sentimientos respecto de la actual coyuntura.

Esta vinculación entre los eventos de *la represión y la Represión*[7] parecía inducida por la preocupación de los gendarmes respecto del impacto de sus nuevas funciones en la opinión pública. Muchos oficiales temían que la exposición a raíz de su actuación en la represión de movilizaciones políticas y sociales pudiera afectar la imagen de la Fuerza, cuyo "bajo perfil" –argumentaban– la había preservado del estigma que la ciudadanía proyectaba sobre los militares.

La manera en que los gendarmes trataban de construir sus narrativas daba cuenta, sin embargo, de que las propias memorias constituían una problemática central en su identidad institucional. Notoriamente, existían dificultades para establecer una narrativa coherente sobre el período. Los relatos o descripciones que intentaban dar cuenta de las experiencias de la época estaban poblados de imágenes, evocaciones emotivas, quiebres temporales e incongruencias. Se confundían los hechos narrados, el sujeto y el objeto y las demás tipos de agentes o *personas* narrativas –las posiciones actanciales (Benveniste 1977)– como así también sus atributos y acciones. Estas características serían propias de una *incapacidad semiótica* propia de la memoria traumática (van Alphen (1999), en donde los narradores no refieren nunca su responsabilidad en los hechos narrados, que son contados como producto de una fatalidad o la acción de una dimensión externa, y no se posicionan ni como sujeto ni objeto de los eventos.

---

7   Siempre que utilice Represión con mayúscula estaré indicando la construcción de memoria sobre los eventos represivos durante la última dictadura militar argentina de 1976-1983, en contraposición a represión, con minúscula, que refiere a actos represivos en sí o la construcción de sentido sobre acciones represivas actuales.

En otra entrevista por ejemplo, un oficial manifestó su preocupación porque la actuación de la Gendarmería en la represión de conflictos fuera percibida como una militarización de la seguridad interior. Inmediatamente ligó esta posibilidad a las experiencias de la dictadura militar, afirmando que "*Hay* un desconcepto en la prensa y el juicio popular con el gendarme. La gente los identific*aba* como ejército y ejército por su lado los discrimin*aba*". ¿Quién es aquí el sujeto y el objeto de la enunciación? ¿Cuál es el tiempo de lo narrado? Mientras el hablante es un gendarme, la estructura de la enunciación señala a los gendarmes, al igual que al Ejército, en segunda persona, como si éstos fueran "otros" para el narrador. Él mismo, por tanto, ubica al yo (figurado) de este enunciado en la voz ficcional de un "nosotros" no-gendarme y no-ejército, es decir, en la perspectiva de un civil. En cuanto a la temporalidad de este enunciado, mientras su alusión a las percepciones populares y de la prensa refieren a las actividades actuales de la Gendarmería, el hablante pasó sin solución de continuidad a identificarlas con la experiencia represiva de la dictadura militar.

Las representaciones centrales de la época de la dictadura coinciden en sus imágenes de caos, confusión y anomia. Los relatos se caracterizan por la pérdida de los puntos de referencia de las identidades y los atributos de los sujetos referidos. Como la mayoría de los entrevistados, quien llamaremos "C" comenzó su carrera en la primera mitad de los años ´70. Luego del golpe, en 1977 y1978 fue destinado a un escuadrón de seguridad en la Ciudad de Buenos Aires que estaba a cargo de la custodia de unidades y altos oficiales del ejército, incluyendo muy probablemente centros clandestinos de detención. Esta experiencia, coincidente con lo más cruento de la represión, es protagonizada por una sociedad amenazante y peligrosa.

...porque estaba toda la sociedad enfrentada a los uniformados. Si te identificaban que eras milico te podían venir a atacar. Una vez a un gendarme le mandaron una corona a la casa, y supuestamente nadie sabía que él era gendarme. Se tuvo que mudar.

A veces tenían [los gendarmes] que entrar en clandestinidad, y no le podían decir nada ni a los hijos o familiares. A veces tenías que entrar en la clandestinidad, y no les podías decir nada ni a los hijos o familiares. Llegabas a tu casa, a veces tarde y por ahí tu esposa no te preguntaba nada, sabía que no le podías decir, pero hacía como si nada pasara. Vos llegabas, era un trabajo más. Pero era peligroso si se enteraban que eras milico, no importa que fueras gendarme. No tenías que andar de uniforme. En esa época si te mudabas, para que no pudieran seguirte, los viajes eran secretos. Se triangulaba; los muebles iban por un lado, primero a una provincia, después a otra, así, para que no pudieran seguir los pasos, uno viajaba por un lado, otro para otro, así hasta que después se juntaban. Te podían delatar tus vecinos, porque vos seguías viviendo en los mismos barrios, con la gente, y por ahí te sacaban que eras milico. Y no tenías nadie que te defendiera porque no tenías custodia (…) Vos no sabías quién era el otro [todos andaban de civil]. Como todo el mundo andaba armado, te dabas cuenta que el otro estaba armado, no le ibas a andar preguntando, y no había diferencias. Nosotros para distinguirnos teníamos contraseñas, llevábamos un pin en la ropa, para reconocernos. Nos lo cambiaban seguido, pero solamente nosotros lo conocíamos. Se tabicaba, se tabicaba la información. Por ahí tenías que estar escondido, tus jefes te ordenaban, si estabas marcado, un mes o más sin aparecer.

Por un lado, C. trata de expresar elípticamente experiencias propias o colectivas de participación en la represión,
en actividades que obligaban a ocultarse, mimetizarse con
civiles y que debían mantenerse en secreto a sus propias
familias. C. narraría quizá la memoria de un *infiltrado*, o
de alguien comprometido en tareas represivas en contacto
con potenciales enemigos. Aunque C. nunca alude explícitamente a su propio grado de actuación en la represión, se
encarga de introducir implícitos que señalan que cuando
habla de "otros" gendarmes bien podría estar describién-
dose a sí mismo. Pero también, vemos cómo su relato des-
dibuja y confunde los atributos asociados a las distintas
personas narrativas. C. parece ubicarse en un rol defensi-
vo, en un lugar de relativa debilidad, con su supervivencia constantemente amenazada. Pero en ningún momento
identifica claramente al "enemigo". Esta es la posición de
sujeto más tácita del relato, que a veces puede confundirse
con la sociedad, la gente o los vecinos en su conjunto. Dice
que los vecinos delataban, pero no se especifica quién era
el delatado y a quién se pasaba la información; se cuenta
que los gendarmes recibían amenazas a pesar del incógni-
to, pero no se define quién las llevaba a cabo.

Si atendemos el fragmento citado, puede observarse
que la sensación de peligro tiene que ver sobre todo con
una dificultad de distinguir al enemigo del amigo. En la
calle, los propios camaradas solamente podían reconocerse
a partir de contraseñas y mínimos signos, la diferencia debía ser codificada por una semiótica *ad hoc*. Pero esta relativa indiferenciación de los sujetos, se completa con cierta
analogía en la descripción de las experiencias narradas con
las habitualmente adscriptas a las víctimas de la represión,
como el escondite, la huida, el exilio interior, la apelación a
códigos de reconocimiento, la amenaza a la supervivencia,

el terror a un peligro mortal que acecha en cualquier parte, la delación, las separaciones familiares, las amenazas de muerte y las mudanzas compulsivas. El vocabulario coincide significativamente con el utilizado por la militancia de izquierda u organizaciones armadas en la época para hablar de sus experiencias. La entrada en la "clandestinidad" frente a una sociedad donde cada vecino puede ser un potencial delator; el temor a ser "marcado", paso previo a la probable desaparición forzada; el "tabicamiento de la información", es decir la limitación del conocimiento de cada militante o célula sobre el conjunto de las misiones y esquemas tácticos, como estrategia propia de las organizaciones armadas para no comprometer al grupo en caso de ser capturado.

La "identificación" implícita de C. con el lugar de las víctimas de la Represión se manifestaría también en cierta resolución de temas narrativos. La peligrosidad de la posición del "milico" es equiparada a la del guerrillero o militante que debía entrar en la clandestinidad. Ser reconocido, "marcado" y delatado como milico, dice C., implicaba un peligro mortal, conmutando así, de algún modo, la posición del represor con la del reprimido. Conforme avanza su narrativa, esta conmutación se refuerza con el destino adjudicado a los represores. En una breve y elíptica referencia a la tortura y eliminación de prisioneros en centros de detención–contrastando con la imagen de partícipes "periféricos" que había construido en el resto de sus relatos–C. alude a una participación directa de personal de la Fuerza en esos hechos: "Hubo muchos gendarmes que participaron", afirma, pero inmediatamente acota que "esos tipos *desaparecieron,* nunca más se supo de ellos". Preguntado nuevamente sobre qué sucedió con ellos, reitera que "no se los vio más, *desaparecieron.* Nadie los volvió a ver".

Víctimas y victimarios son equiparados así, de algún modo en su destino final. A los gendarmes comprometidos con la desaparición, tortura y asesinato de detenidos se les adjudica el mismo destino que a los "subversivos" prisioneros en esos campos: ser *desaparecidos*.

Ahora bien: las referencias y descripciones de la época de la Represión a menudo son equivalentes a las de circunstancias históricas anteriores y actuales. Dentro de lo que denominamos "palabras de la memoria", el término que emergía en el discurso de los gendarmes como más connotado por significados que aluden a la memoria de la violencia política era "represión". Tanto que, aún proferidas para aludir a un tipo de actividad o función legalmente constituida, los hablantes mostraban cierta incomodidad al pronunciarla, viéndose obligados en algunos casos a aclarar que la usaban en un sentido "técnico" ya que "acá en Argentina tiene una carga ideológica". La principal característica por lo que provocaba tanta zozobra es que tendía un puente inmediato entre dos experiencias que la mayoría de los gendarmes describían como traumáticas o problemáticas tanto para su integridad psíquica y moral como para la identidad institucional que deseaban regenerar. Por ello, en el discurso público de Gendarmería se observaba un esfuerzo por contrarrestar las evocaciones que la palabra represión pudieran generar en la opinión pública.

En diciembre de 1999 fue entrevistado el Comandante Ricardo Chiappe quien estuvo a cargo de la cruenta represión de la Gendarmería en Corrientes (ver supra) poco después de la asunción del Presidente De la Rúa (*La Nación*, 19/12/1999). El periodista le plantea que "Si se detiene la imagen de la policía poniéndose en medio de la lucha, con una bandera blanca de rendición, queda la sensación de que la Gendarmería pudo haberse excedido (…) se lo acusa de represión", Chiappe respondió que "No, no fue una represión, sino un desalojo por un mandato judicial ante un alzamiento".

Un año después, el propio jefe de la Gendarmería, Comandante Hugo Miranda, frente a una pregunta sobre la imagen de la Gendarmería a raíz de su accionar represivo, sostuvo que

> *…es buena, la Gendarmería siempre actúa de acuerdo a las leyes y con un uso mesurado, dosificado de la fuerza. La violencia que se aplica es mínima. Por acción del personal nunca hemos tenido quejas ni denuncias. Usted me dirá que (durante la represión a los piqueteros) en Cutral-Có murió una mujer. Pero no fue imputable a la Gendarmería. En el desalojo al puente de Corrientes (en diciembre) hubo dos muertos. Pero nada tuvimos que ver. No somos una fuerza represora (Clarín, 22/01/2000).*

Como hemos mencionado, Chiappe fue dado de baja al hacerse públicas sus actuaciones durante la dictadura militar, donde estuvo a cargo de campos de concentración.

Creemos por tanto que en la producción de sus memorias, los gendarmes articulan una transposición simbólica entre los sentidos de la represión de los años años 70 y los de la experiencia del rol represivo actual. Y ese vínculo entre ambas experiencias estaría actualizado en el acto de la represión como un ritual que activa el recuerdo como si el tiempo o hubiera pasado. El hecho de reprimir parece implicar para los entrevistados mucho más que una mera función de control social coercitiva, en este caso ordenada por un gobierno civil legítimo. Constituye una práctica cargada de significado que actualiza inmediatamente un sentido totalizador que excede a la coyuntura. Para los gendarmes

la práctica de la represión en la actualidad constituiría un
vínculo ritual con los eventos de la represión durante la última dictadura militar, de complicado y peligroso manejo
para la institución.

Hay finalmente otra dimensión de la identidad de la
Gendarmería que viene a ser puesta en crisis por la actividad represiva y que creo se relaciona también con la confu-
sa indiferenciación entre gendarmes y subversivos en los
relatos sobre el pasado.

Muchos oficiales recalcaron que un problema central
de la participación en la represión de conflictos es la even-
tual identificación del personal subalterno con los grupos
movilizados y su su situación. Es decir, la identificación de
los represores con los reprimidos. Un comandante abundó
incluso conque "a veces uno no sabe si ponerse del otro lado". Otro explicó la cuestión en términos más sociológicos.
El hecho de que represores y reprimidos "son de la misma
extracción, de las mismas zonas, tienen los mismos problemas" causó la mayoría de los pedidos de baja de los cuadros jóvenes de la institución.

Veremos a continuación cómo el "trauma" de la actuación represiva de los gendarmes más allá de remitir a la
culpa por la crueldad y terror del pasado dictatorial, se relaciona con otro tema central de los gendarmes. Su auto-
percepción de proximidad cotidiana, trato campechano e
identificación cordial con "la gente". La represión viene a
socavar el mito del "gendarme empático".

REPRESIÓN Y REDENCIÓN:
EL MITO DEL "GENDARME EMPÁTICO"

Como vimos, la represión era un eje de la identidad de los gendarmes a principios de la década de 2000. Sin embargo se trataba de un eje problemático, una referencia negativa, por así decirlo de lo cual se querían diferenciar, pero que seguía determinando la manera en que los gendarmes se pensaban y presentaban. Esto es lo que se apreciaba en las narraciones de las entrevistas y en los lapsus que hemos señalado en su discurso donde el tema emergía constantemente.

Pero existen también valores positivos que los gendarmes rescatan para definir su identidad, como el profesio nalismo, la lealtad, el patriotismo, la honestidad. Sin embargo, el principal valor que ellos mencionan es la cercanía social y afectiva con las poblaciones que son su objeto de control y cuidado. Estas poblaciones son en principio gente que habita las zonas de frontera, el escenario privilegiado también de la identidad institucional. Pero se transfiere a los demás espacios y grupos con los que los gendarmes entran en contacto por sus nuevas funciones.

La frontera es en efecto presentada como el ámbito que marca la idiosincrasia del gendarme. Sería por un lado un lugar de riesgo por los crímenes que la institución persi-

gue, principalmente el contrabando y el narcotráfico, y por
la hoy muy lejana pero no inexistente amenaza de un ataque extranjero que coloque a los gendarmes en la primera
línea de defensa, lo cual es una de las claves que justifi-
ca su estatuto militar. Pero por otro lado, las fronteras que
los gendarmes custodian no son fronteras de guerra, o de
avance del estado, como en la época de la anexión de los
territorios indígenas. Inicialmente se trataba siempre de
espacios militarmente consolidados, aunque con una débil
presencia estatal y aún no integrados a las leyes, instituciones y valores de la nacionalidad. Los gendarmes por ello
eran considerados como los encargados de disciplinar el
territorio pero también como los principales constructores
de la Nación en los mismos. En esta tarea combinaban la
fiereza y la violencia con la diplomacia y la negociación. La
clave, era la capacidad de identificarse o mimetizarse con
sus vigilados, lo cual desde el principio de su actuación
caracterizó a la Gendarmería. La denominada Sección Especial perseguía a los peligrosos bandidos que asaltaban a
ejecutivos o transportes de caudales de La Forestal o Bunge
y Born con gendarmes que pasaban varios meses de paisa-
no vagando por el monte y vinculándose a la población como hacheros, peones u obreros. Y la Gendarmería era natu-
ralmente hábil para esta actividad, precisamente porque al
contrario del Ejército nunca cortaba el lazo con los sectores
sociales y comunidades de los que provenían.

Pero la Gendarmería también compartía su cotidianei-
dad con la población, trababa múltiples vínculos con ella,
y se preciaba de comprender sus problemas, necesidades
y expectativas. Hasta el día de hoy la empatía, la capacidad de "ponerse en el lugar del otro" y poder percibir sus
mismos sentimientos o pensar con sus reglas, es una de las
principales características que los gendarmes cultivan o

creen cultivar. Y en algunos casos, esta empatía adquiere ribetes casi antropológicos. Dos situaciones ilustrarán esta afirmación.

La primera adquiere relevancia a la luz del actual conflicto de la institución con los mapuche. Estaba entrevistando a un comandante en su oficina, cuando entró otro oficial y lo interrumpió. Luego de presentarnos, ambos se pusieron a conversar sobre la época, previa al golpe militar, cuando estaban destacados en un punto al sur de la frontera con Chile, Nahuelpan, donde habitaban comunidades mapuche. Este paraje está ubicado a pocos kilómetros de Esquel en la provincia de Chubut, no muy lejos de la estancia Leleque junto a la cual se produjo la represión de la comunidad mapuche Pu Lof que originó la muerte de Santiago Maldonado. Nahuelpan tiene una larga historia de violencia y despojo, cuyo principal episodio ocurrió en 1937 cuando la entonces reserva indígena fue desalojada e incendiada por la policía porque una familia políticamente influyente había logrado un título de propiedad sobre sus tierras.

Ambos gendarmes relataron cómo colaboraban con los mapuche, ejemplificando esto con su ayuda para que concretaran el ritual anual en un cerro de las inmediaciones. Para realizarlo tradicionalmente acudían comunidades del país trasandino provocando un caos para la vigilancia y poniendo en cuestión regulaciones fronterizas. Pero, según contaban, ellos se ocupaban de organizar el evento junto con los Carabineros, encargados de la custodia fronteriza del lado chileno, para posibilitar su realización y respetar la cultura mapuche. Inmediatamente de narrar la anécdota, mi entrevistado comenzó a describir minuciosamente las prácticas de los viajeros y el ritual y para mi sorpresa, comenzó a hablar fluidamente en lengua mapuche. No obstante, pese

a estas muestras de simpatía y proximidad, manifestó luego su preocupación porque "en Chile los mapuche son un
forúnculo" debido a que son muchos y reclamaban tierras.
Y reprodujo prejuicios y leyendas filonazis con gran pregnancia entre los militares argentinos, como la existencia del
Plan Andinia por el cual los mapuche en alianza con la ban-
ca internacional supuestamente controlada por judíos y los
ingleses, conspiraban para apoderarse de la Patagonia. Este
plan estaría motorizado por organizaciones internacionales
vinculadas a "mucho lavado de dinero".

Continuando su relato, mi entrevistado rememoró que
cuando se produjo el golpe militar del 24 de marzo de 1976
estaba también Chubut, en Carrenleufú, un paraje aparta-
do en donde no tenía casi comunicación. Tardaron horas en
avisarle por radio la novedad y durante dos meses ningún
cambio se vislumbraba en la vida cotidiana del destacamento. Describe un escenario de paz, tranquilidad y des-
compromiso ubicado, precisamente, en una de los puntos
donde dos años después estuvo a punto de comenzar una
guerra con Chile que se consideraba inminente. Patrullando el Rincón del Aceite, un punto histórico de litigio fronterizo, sus hombres cruzaron la frontera y entraron a un
pueblo de Chile, atrincherándose en un bar donde fueron
rodeados por los carabineros. La cordialidad y empatía del
gendarme habría permitido nuevamente evitar un conflicto. Desmontando un inminente Casus Belli, mi entrevistado
dialogó con los Carabineros a quienes conocía por su trato
en la administración fronteriza, les explicó que la situación
había sido un exceso fruto del exabrupto alcohólico de un
subordinado y pudieron retirarse. Los gendarmes, en con-
clusión, estarían acostumbrados a tratar cordialmente con
el potencial enemigo. Y esto puede verificarse en diversas
situaciones actuales e históricas.

Para referirse a la idoneidad de la Gendarmería para contener y reprimir conflictos sociales de la década de 1990, los gendarmes entrevistados recurrían constantemente al argumento de la proximidad afectiva y existencial con los potenciales reprimidos. Según planteaba un oficial, esta capacidad estaría dada porque la institución "forma parte de la comunidad", "traba relación con la gente" y "conoce los conflictos", debido a que su personal los vive cotidianamente porque es parte de la misma población que los padece.

> *También lo que la diferencia a la Gendarmería es su gente. Usted va a ver que el personal de Gendarmería está identificado, es parte de la gente de la misma zona donde trabaja. Al gendarme lo toman de allí mismo, los mismos gendarmes lo conocen desde chico, saben quién es. A mí me pasó de ver que los gendarmes que hace mucho que estaban allí me decían "este es el sobrino de fulano de tal, que ahora se va a enlistar."*

Habitualmente los gendarmes solían ser reclutados en las mismas zonas fronterizas donde la Institución tenía presencia histórica. La política tradicional era incorporar jóvenes de estas áreas, familiarizados con las dinámicas sociales de las áreas de frontera, los delitos típicos que persigue la Gendarmería como el contrabando y los rigores de la vida en los parajes generalmente apartados de la extensa y poco poblada frontera. En la actualidad en dichos parajes la Gendarmería es una de las inserciones laborales más procuradas porque garantiza un sueldo, una estabilidad y una carrera muy difíciles de ser equiparados en regiones económicamente postergadas. Además, ser gendarme es prestigioso por el poder que confiere estar del lado de las

autoridades, portar uniformes y armas y tener el respaldo
corporativo de una institución militar. Sin embargo, en esas
mismas áreas suele existir también una postura contestata-
ria hacia la Gendarmería ya que muchos pobladores han
sufrido abusos o realizan prácticas que pueden ser objeto
de persecución. En mi propio trabajo de campo en el área
andina de la provincia de San Juan durante la década de
1990 pude apreciar estas ambigüedades. En ese entonces
la mayoría de los pobladores de los departamentos de Ca-
lingasta e Iglesia, colindantes con Chile, provenían de familias de origen chileno y sufrieron represión por parte de
la Gendarmería para "argentinizarse" y "civilizarse" entre
las décadas de 1940, cuando se decretan las "zonas de seguridad de fronteras" y 1960. Prácticas consideras chilenas
o indígenas como el "velorio del angelito" o la realización
de banquetes en el cementerio en homenaje a sus muertos,
fueron prohibidas. Existían estatuas de Caupolican, un ca-
cique araucano que resistió a los españoles y es una suerte
de héroe proto-nacional chileno, que fueron ametralladas.
Grandes estancias de propietarios chilenos fueron expro-
piadas por el estado nacional y el tráfico de ganado en pie
y el comercio a lomo de mula entre Argentina y Chile, actividad histórica de las poblaciones del área, fueron perseguidos como contrabando hasta arruinar la economía local.
Los pastores chilenos semi-nómades que ocupan con sus
rebaños de cabras las pasturas de los valles interandinos
de la cordillera en primavera y verano, también fueron
perseguidos, abusados y violentados aunque finalmente
su actividad fue aceptada y parcialmente regulada por la
Gendarmería.

Las políticas de reclutamiento de la Gendarmería eran
de suyo una estrategia importante de control y disciplina-
miento en la frontera, al captar y asimilar muchos jóvenes

locales, en general entre los más capaces, que podían de otro modo volcarse a actividades como el contrabando, el cuatrerismo o la caza furtiva. Algunos de los antiguos baqueanos de la Gendarmería que conocí habían sido a su vez contrabandistas. En sus relatos de fogón contaban sobre el terror que les tenían los jóvenes reclutas y se jactaban de su poder territorial en la Cordillera, por sobre el de los mismos gendarmes. Entre rondas de mate y vasos de vino evocaban con fruición el poder de los antiguos bandidos que dominaban la cordillera y asesinaban a la policía que los perseguía, como el célebre "Gaucho Donoso" (Escolar 1996, 1997).

He presenciado situaciones de relajamiento de la actitud de los gendarmes y su tendencia a la asimilación con los habitantes de la "cordillera interior", a varios días de marcha a caballo del paraje poblado más cercano, y muy cerca de la línea fronteriza. En una ocasión, me sorprendió encontrar a dos de ellos montando mulas y utilizando monturas de los propios pastores chilenos que poblaban los valles y siendo conducidos por éstos como baqueanos. En un par de oportunidades, arribando a un refugio de la Gendarmería, observé largos alambres colmados de charque de guanaco, cuya caza estaba prohibida y la Gendarmería estaba a cargo de los "delitos ecológicos".

Aunque actualmente la Gendarmería actúa en todo el territorio nacional, lo típico era que los reclutas fueran trasladados del área fronteriza donde vivían a otra frontera distante, pero luego de una primera etapa de instrucción y ejercicio de su actividad, pueden optar por permanecer en un mismo destino. En el caso de los oficiales el cambio de destino es permanente, aproximadamente cada dos años. La finalidad de esta política, según comentarios de algunos entrevistados, es tanto familiarizar al personal con los distintos escenarios de actuación de la Fuerza, como, en especial en el caso de la oficialidad, evitar que generen lazos con intereses locales y se vean tentados a participar de organizaciones dedicadas al contrabando.

Si bien la frontera y las misiones de la Gendarmería implican enfrentarse con potenciales delitos, conflictos y violencia, la evocación que en general tienen los gendarmes de la mayoría de las áreas fronterizas es de sociedades pacíficas y armónicas, donde siguen existiendo antiguas tradiciones rurales y pueblerinas. La frontera representa para ellos relictos de un país de algún modo perdido, y de una naturaleza salvaje aún presente. La frontera no es una línea divisoria sino un área, territorio del gendarme, que no sólo alberga el límite con otro estado nacional sino también con la sociedad urbana y moderna que se expande por el país. La frontera, entonces, es un interior, el verdadero *interior* del país que en realidad está localizado muy próximo a su *exterior*. Un espacio de resistencia cultural conservadora donde persistirían valores que ellos creen custodiar y encarnar; la vida tranquila del campo, la honestidad, el respeto a las jerarquías, la colaboración, la "gauchada". Una suerte de Arcadia bajo su cuidado paternal basado en su comprensión y proximidad con las poblaciones. Por eso fue bastante problemático para los gendarmes su despliegue en las grandes ciudades a partir de 1990 y avanzadas las décadas de 2000 y 2010, en especial en las zonas más conflictivas con altos índices de pobreza e indigencia, donde ese tipo de lazos y valores se suponían ausentes. Los gendarmes consideraron vulnerada su identidad y misión tradicionales al ser transferidos a contextos urbanos lejos de las fronteras, y donde, sobre todo, no podían apelar a su prestigio social e imagen montaraz.

Pero esta imagen de armonía y el mito del "gendarme empático" ha sido puesto a prueba muchas veces en la historia de la institución. Los sinsabores de la seguridad urbana en las villas, la represión de piqueteros e indígenas, son los más recientes. Pero la experiencia más complicada a este respecto fue nuevamente, según se desprende de las entrevistas realizadas, la represión de los movimientos políticos y "subversión" de las décadas de 1960 y 1970. Aún en ese contexto, destacan, la proverbial empatía e identificación popular de los gendarmes les habría permitido lograr algo de paz en medio del caos, o mantener la convivencia. Al menos eso lo que está representado en sus relatos.

La insurrección popular del "Cordobazo" en 1969 contra la dictadura de Juan Carlos Onganía fue el bautismo de fuego de la actividad represiva urbana de la Gendarmería, y era mencionada con frecuencia por los gendarmes a fines de la década de 1990 como antecedente y marco explicativo tanto de la represión de piqueteros como de la "subversión". Lo que más llamó mi atención en las entrevistas era cómo describían la indiferenciación entre represores y reprimidos, y cómo este tipo de descripción atravesaba luego toda narración sobre el papel de la Gendarmería en eventos represivos.

Un entrevistado recalcaba que durante el "Cordobazo", primera acción represiva urbana de la Gendarmería, reprimidos y represores eran vecinos de los mismos barrios, conocidos de toda la vida, con las mismas necesidades. Cuando estalló la insurrección,

> ...por ahí te levantabas, te saludabas con tu vecino de toda la vida, estabas tomando mate juntos, después uno iba, se ponía el casco y agarraba el palo y el otro se colocaba el pañuelo y agarraba la molotov y no sabían quién iba a volver.

Otro comandante relataba una situación análoga en el
caso de la represión a los piqueteros en Orán, cuando él
mismo había estado destacado en esa localidad de la provincia de Jujuy donde junto con Tartagal se generaron algunas de las más fuertes y violentas movilizaciones. "Reven-
tó el Perro Santillán [un líder piquetero] allá arriba", dijo,
y se produjo el caos. Reconoció la bronca de la gente con el
Ingenio Ledesma por albergar las tropas de la Gendarmería, asociando este hecho a uno de los episodios más aberrantes de la dictadura militar cuando esa empresa colabo-
ró con los militares en el secuestro y desaparición forzada
de decenas de sus trabajadores. La identidad sociológica
entre represores y reprimidos habría generado dificultades
o disgustos entre los gendarmes para cumplir las órdenes
represivas. Pero el prestigio de la Gendarmería se habría
mantenido intacto entre la población a pesar de la represión, precisamente por el supuesto contacto respetuoso con
la gente que caracterizaría a los miembros de la Fuerza. La
remanida "proximidad con la gente" sería la causa de que
la gente "no nos guarda resentimiento".

Sin embargo, más allá de la visión que plantean los gendarmes, y pese que es cierto que muchos sectores les con-
fieren prestigio, no hay evidencia de que el grueso de la
población los considere con tanta amabilidad. Además, es
relativo el grado en que pueda existir durante las campa-
ñas represivas ese cordial "contacto con la gente" que in-
vocan, por lo menos en cuanto a lazos sociales previos. Las
represiones de la Gendarmería sobre piqueteros no eran
llevadas a cabo generalmente por los gendarmes del área
sino por unidades de intervención rápida, los Escuadrones
Móviles, que trasladaban hasta 500 o 1000 efectivos a cualquier punto del país en menos de 48 horas.

El mito del "gendarme empático" como hemos visto se trasladaba en la perspectiva de los oficiales de la Fuerza a distintos contextos: La frontera, los piqueteros, la seguridad urbana, pero sobre todo a la Represión durante la última dictadura y, como veremos, a las misiones de paz internacionales.

Pero en las entrevistas, este aspecto positivo de la identidad institucional surgía con más ardor cuando se habían referido a su contracara negativa: la participación de la Fuerza en la Represión. La evocación del gendarme empático apuntaba implícitamente a marcar la diferencia de la Gendarmería con el Ejército. El Ejército es el actor tácito con quienes se están comparando los gendarmes por la negativa: los que *no* forman parte de la comunidad, *no* traban relación con la gente y *no* conocen los conflictos y por ello son inhábiles para actuar en la seguridad interior (curiosamente los mismos tópicos: contacto estrecho con la gente, pertenencia a la comunidad, etc., aplicados a la policía, son utilizados por los gendarmes para demostrar también que estas también son inhábiles para reprimir protestas masivas).

En otros tramos de las entrevistas, el argumento de "contacto con la comunidad" era planteado como punto crucial de diferencia con el Ejército. Un comandante principal, por ejemplo, a renglón seguido de explicar la aptitud de los gendarmes para relacionarse con la comunidad, utilizaba esa idea para comparar a la Gendarmería con el Ejército: "Yo no quiero calificar de bueno o malo, pero el Ejército, por ejemplo, están encerrados en el cuartel... y de ahí al barrio (en alusión a los barrios militares)". El Comandante My. G., se había referido a los mismos términos de comparación para explicar la ductilidad, sentido común, y comprensión de los gendarmes de la realidad social al contrario que los militares, quienes por ser estar "encerrados en el cuartel, como

decimos nosotros", perderían el sentido de realidad y ten-
derían a percibir como amenaza cualquier cosa.

Las imágenes del "contacto con la comunidad" o del
Gendarme ligado a una pertenencia popular y no a una
casta militar supuestamente aislada de los valores, intereses y necesidades populares se proyectan en la interpreta-
ción de distintas experiencias históricas de los gendarmes,
como la Represión, la represión y las misiones de paz al
extranjero. Estas imágenes son además un factor sustancial
en la construcción de la identidad institucional basada en
una "personalidad" de los gendarmes puesta a prueba en
distintas experiencias históricas. La Gendarmería se vincu-
laría con las poblaciones locales de un modo que los militares argentinos no consideran como algo verdaderamente
propio de la condición militar. En parte esta actitud permite interpretar el resentimiento hacia el Ejército.

Entre los militares, en efecto, el contacto cotidiano con
la civilidad era considerado degradante, y como pude
comprobar yo mismo cuando fui soldado luego de la dictadura los "civiles" eran construidos como una casta inferior
y finalmente como el potencial enemigo de la vida militar.
Nos entrenaban para odiar y despreciar el estado de "civil", como el piso anterior al último eslabón de la jerarquía
militar, el recluta.

Algunos entrevistados, como el comandante My. R., re-
montan estas diferencias a una identidad institucional de
larga data, que estaría presente ya en la elección de carrera de los jóvenes reclutas: "si querías estar el campo, en la
montaña, en la selva, patrullando, te enrolabas en la gendarmería. Si te gustaba andar en camión, en los desfiles,
las paradas, te ibas al ejército". Las diferencias entre Ejército y Gendarmería se reflejarían en la propia organización
institucional. Como dice R., el casino de oficiales "es una

corte", donde en los casinos de oficiales los suboficiales o soldados de extracción popular deben servir con guantes blancos a oficiales de "doble apellido". Al contrario que los rígidos estamentos de las jerarquías en el Ejército, la Gendarmería se caracterizaría por cierta horizontalidad, sobre todo en la frontera, donde a menudo la dependencia del conocimiento del terreno de los suboficiales, gente oriunda de las fronteras, promueve un obligado respeto desde el lado de la oficialidad.

El tópico de la proximidad de la Gendarmería con la comunidad opera como argumento crucial para deslindar responsabilidades sobre la Represión, donde inclusive pasan a ocupar simbólicamente el lugar de víctimas, y el Ejército carga con todo el peso de la culpa. En una entrevista a un comandante la referencia directa a la Represión dio paso a una narración tendiente a diluir sus propias responsabilidades, distanciándose de los hechos más críticos y contraponiendo la institución al Ejército. "Yo participé en esa época", afirmó, porque "estaba dentro de la fuerza y por lo tanto tenía que participar". Pero inmediatamente comentó que al contrario que el Ejército ellos cumplían un papel periférico.

Otro oficial por su parte afirmó que "los de Ejército no les querían dar prisioneros a los gendarmes porque decían que eran demasiado blandos". Pero esto ocurría, asegura porque los gendarmes "respetaban al subversivo" precisamente por el hábito de "contacto humano", de convivencia con los civiles. Este "trato cortés al subversivo" sería el resultado palpable de las aptitudes personales del gendarme empático.

El comandante C., por ejemplo, al destacar en la entrevista la importancia de la "convivencia con la gente" como una cualidad que diferenciaría a la Gendarmería del

Ejército en la estima popular, afirmó que "ayudó incluso en épocas en que había misiones odiosas", en "la época de la subversión" donde "había que detener y trasladar gente". Hacia el final de la entrevista, cuando nos referíamos a la imagen pública de la Gendarmería en función de su actuación en conflictos sociales, hice el comentario de que, a pesar de lo comprometido de esta función, la imagen de la Gendarmería seguía siendo aparentemente bastante buena. Dicho esto, C. dió un largo suspiro y expresó que "es una función odiosa", utilizando los mismos términos con que se había referido a la participación de la Fuerza en la represión de la última dictadura militar.

G., por su parte pareció apuntar en la misma dirección cuando estableció una analogía entre ambas circunstancias históricas al referir una "alteración psicológica" del personal de la fuerza que reprime en la actualidad y más adelante un "trauma" de quienes participaron en la represión de los años '70. El carácter "traumático" estaría dado porque en ambos casos debieron actuar en conflicto con el principio de "empatía" con la comunidad.

En el discurso de los gendarmes emergía también la configuración del "gendarme empático" con referencia a otro ámbito de la actuación de la Fuerza aparentemente disociado de su estigma represivo: las misiones de paz al exterior. Desde 1991 la Gendarmería participa con tropas en misiones de paz como "Cascos Azules" de la Organización de las Naciones Unidas en zonas de conflicto bélico. Estas misiones adquirieron regularidad desde 1995. Angola, Timor oriental, Haití, Kosovo, y más recientemente Colombia con el desarme de las FARC, fueron ámbitos donde se destacaron gendarmes argentinos. Estas misiones forman parte de la participación de la Gendarmería en la política exterior del país. Existen actualmente cuatro formas. Por un lado, la institución es responsable de la seguridad de las embajadas argentinas en el extranjero. Luego, en las misiones de paz, puede actuar de tres maneras distintas: como monitores policiales o asesores de policía civil de ONU; como unidades especiales de policía de la ONU; y finalmente como unidades multinacionales especializadas en el marco de la OTAN.

Al ponderar el nuevo y abigarrado perfil de la Gendarmería desde la década de 1990, los gendarmes entrevistados invariablemente preferían explayarse sobre estos roles en la política exterior de la Nación mientras que otras misiones, incluso la más tradicional de custodia de las fronteras, quedaban relegadas a un segundo plano.

La participación en las Misiones de Paz era representada como el ejemplo más cabal del profesionalismo y reconocimiento público que los gendarmes presentaban como blasón de la nueva era institucional. Los comentarios estaban centrados, en primer término, en el hecho de que la demanda sostenida de participación de Gendarmes se debía a la elevada capacitación de su personal, a su honestidad y coraje para enfrentar situaciones conflictivas, al alto grado de disciplina y, sobre todo, a la habilidad para negociar con las partes para lograr preservar la paz en las áreas bajo su cargo. La Gendarmería, como resaltan sus oficiales, habría obtenido varias veces un reconocimiento expreso a su eficacia por parte de las Naciones Unidas, de los comandantes de ejércitos extranjeros y, como punto culminante, del entonces presidente estadounidense Bill Clinton quien en 1999 agradeció especialmente la actuación de la Gendarmería argentina en Haití en una asamblea de la ONU.

Un punto clave de la participación de la Gendarmería en estas misiones es que desplazaron cada vez más a las tropas del Ejército que el gobierno enviaba previamente.

Según afirmaba un entrevistado, Jefe de la Sección Misiones de Paz de la Gendarmería, esto se debió a que Naciones Unidas cambió su óptica en la demanda de tropas porque necesitaba personal capaz de interactuar con las poblaciones generando consensos y no sólo de repeler agresiones o controlar coercitivamente los conflictos. "Lo difícil de una paz no es imponerla, sino mantenerla", decía, y este hecho habría generado que la ONU buscara perfiles de policía-militar, como el de los gendarmes, y no solo militares, "porque sin convivencia no pueden imponerse y funcionar bien las instituciones".

El énfasis de los gendarmes en describirse a partir de su actuación en las misiones de paz invariablemente culmina en un ejercicio comparativo con otras tropas, que rescata cualidades más allá de las bondades de su formación o el profesionalismo. Cuando los entrevistados se explayan en sobre las virtudes que hacen a la Gendarmería idónea para las misiones de paz, el eje de su autovaloración se desplaza a un tipo de "personalidad" especial derivada de un tipo particular de experiencia en su relación con las poblaciones del interior argentino y en cierta sabiduría y conocimientos atribuida a la extracción popular, provinciana y preponderantemente campesina de su personal subalterno.

La Gendarmería, una pequeña fuerza de un país decadente, sin recursos, sin tecnología, con una formación básica, conseguirían mantener la paz allí donde los principales ejércitos del mundo (que forman las fuerzas de paz) se muestran incapaces. Esto se debe por un lado, según decía el Jefe de Misiones de Paz, a que el gendarme está menos aferrado a las estructuras que los soldados americanos y europeos y se adaptan enseguida al medio y las condiciones existentes. La base del éxito del gendarme estaría en que "lo atamos todo con alambre".

Esta frase es interesante porque apunta a la quintaesencia de la adaptabilidad del gendarme y al mismo tiempo a su condición plebeya y provinciana. La expresión alude al proceso de proletarización masiva de poblaciones campesinas emigradas del interior de la Argentina hacia Buenos Aires desde la década de 1940 hasta la de 1960. Durante este período, coincidente con los dos primeros gobiernos de Juan Domingo Perón, se produjo el proceso de industrialización masiva del país denominado de sustitución de importaciones, protagonizado por estas poblaciones cuyo inicio es próximo a la creación de la propia Gendarmería Nacional. Ante la escasez de medios técnicos de un país todavía rural el alambre, elemento típico y emblema del campo desde fines del siglo XIX, era aplicado a la reparación de instrumentos, la construcción, etc. "Lo atamos con alambre" evoca la creatividad y capacidad de improvisación del obrero argentino capaz de suplir esas carencias y resolver los problemas cotidianos que se le presentaban en el mundo fabril arreglando máquinas, aparejos e instalaciones logrando que las cosas funcionen.

Así como la identidad de los gendarmes rescata la condición de la cultura rural o semi-rural de la frontera, y como parte de ella la capacidad de adaptación a la escasez de medios materiales, herramientas e instrumentos, la mitología del proceso de industrialización nacional exaltaba la cultura campesina del obrero argentino. Los gendarmes, al igual que los obreros, portarían la inteligencia popular de los denominados "cabecitas negras" por la condición mestiza o indígena atribuida por las elites porteñas a los provincianos.

La Gendarmería tendría éxito en los contextos de las misiones de paz porque son una suerte de "ejército plebeyo" que a diferencia de tropas europeas o del propio ejér-

cito argentino comparte o puede comprender el carácter y
valores subalternos de los grupos en conflicto. La demanda
de gendarmes por parte de la ONU se explicaría entonces,
además de por su atribuido alto nivel de profesionalismo,
por la capacidad de su personal de construir una empatía
con las poblaciones antagónicas. El gendarme consigue que
en su área no haya conflictos por su capacidad de "acercar-
se al ser humano" y por guiarse por un "criterio apuntado
a la convivencia". Triunfa en su misión por la manera en
que construye una relación con la gente y por ello

> ...consigue que en su área no haya quilombo. Pero esto es
> sólo en parte por el profesionalismo, es por una altísima
> capacidad de acercarse al ser humano, aunque no tenga
> el super profesionalismo, tiene sentido común; el gendar-
> me no se rompe la cabeza, busca el afecto, el acercamiento,
> cuando se necesita es estricto. Su criterio está apuntado a
> la convivencia, no se pone a analizar las causas.

La principal virtud que diferenciaría a los gendarmes
de los ejércitos del mundo que forman los contingentes de
paz es que se ganarían el respeto de la población mediante
el temor sino a través del afecto. Por ello lograrían el acata-
miento de sectores irreconciliables, gracias a su capacidad
de diálogo y escucha, a su paciencia y ecuanimidad. Por su
renuencia a utilizar la violencia, los gendarmes contrasta-
rían con las fuerzas europeas y norteamericanas. Tropas ingleses, francesas canadienses o norteamericanas irrumpen
en las zonas conflictivas como una fuerza de ocupación,
con tanques y helicópteros, apuntando sus armas a la población disparando preventivas ráfagas de ametralladora
y respondiendo a cualquier hostigamiento con represalias.
Según su propia visión, los gendarmes por el contrario no

hacen ostentación de armas y aún a riesgo de ser atacados bajan a dialogar con la gente, median, explican, persuaden, cumplen los pactos obtenidos y logran poco a poco obtener confianza y respeto.

La descripción de esta actitud componedora y mediadora ocuparía en el relato de las misiones de paz una posición análoga a la actitud "respetuosa del subversivo" que los gendarmes proyectan hacia el pasado durante la Represión, o comprensiva de los motivos de los piqueteros durante la represión.

Inclusive, los gendarmes parecen utilizar estas metáforas para mostrarse redimidos en cuanto a su respeto por los derechos humanos, destacando su papel de monitores para vigilar las violaciones a los derechos humanos cometidos por las fuerzas policiales locales en las áreas en conflicto (*La Nación*, 16/03/1999; *Centinelas*, 2000). En mi entrevista, una y otra vez el Jefe del Departamento de Misiones de Paz elogiaba a un subordinado por haber sido nombrado jefe de la sección de las fuerzas de paz en Kosovo que investiga los "crímenes pesados", definiendo como tales aquellos que "...tienen un origen ideológico y político o son aberrantes, como los criminales de guerra, las ejecuciones masivas o la tortura". El gendarme aparece así puesto a investigar crímenes análogos a los que protagonizaron las Fuerzas Armadas –y posiblemente la propia Gendarmería– durante la Represión.

El gendarme que administra pacíficamente los conflictos en el extranjero y es querido y respetado por las poblaciones de distintos bandos en pugna, contrasta con la imagen del gendarme violento, que en su propio país está destinado a reprimir por la fuerza a sus conciudadanos. En este sentido, la recurrente puesta en primer plano de este protagonismo por la paz de los Gendarmes parece estar orientada alternativamente a una diferenciación del ejército (con base en las memorias de la Represión) y a contrarrestar una potencial imagen represiva en la actualidad que los gendarmes desean también exorcizar. Este cuadro sobre las cualidades del gendarme en las fuerzas de paz es finalmente la visión que los gendarmes desearían que se tenga de ellos en la Argentina.

EL MUSEO DEL OLVIDO[8]

La reconversión de la imagen institucional de la Gendarmería como estrategia para posibilitar la ocupación de su nuevo rol era como vimos un objetivo palpable a inicios de la década de 2000. Esto se manifestaba entre los gendarmes que tuve oportunidad de entrevistar, uno de los cuales inclusive se declaró responsable de iniciativas para tal fin, como la construcción de la página web de la institución y la realización de eventos públicos de envergadura con militares y civiles (uno de ellos, el seminario "políticas migratorias e integración regional" fue mi oportunidad para contactarme con varios gendarmes y entrevistarlos en el Edificio Centinela). Sin embargo, dadas las dificultades que hemos analizado, esta transformación de la imagen de la Gendarmería necesariamente tenía que lidiar con el pasado. Hemos explicado cómo procesaban el pasado institucional algunos oficiales de la Fuerza. ¿Pero qué pasaba con su postura oficial? Por el carácter fuertemente jerárquico de las FFAA las opiniones de sus oficiales reflejan en general

8   La investigación para este capítulo contó con la invaluable colaboración del Licenciado Patricio Ariel Parente, para el registro de campo del Museo de la Gendarmería en la actualidad. Agradezco a Patricio su profesionalismo. Las opiniones vertidas en el texto son de mi exclusiva responsabilidad.

las de la institución y una posición monolítica. Sin embargo, esto no estaba tan claro en el caso de la Gendarmería. Me preguntaba qué relación habría entre las opiniones y contradicciones individuales de los gendarmes y una posición estrictamente institucional. Es decir, si podría aproximarme a un discurso público de la Gendarmería sobre sí misma y su pasado, más allá de su escueta página de internet y las conversaciones con los gendarmes.

Existían algunos canales específicos a través de los cuales la Gendarmería hablaba. El Museo de la Gendarmería Nacional Argentina; *Centinelas* la revista de la Fuerza, el libro *Historia de Gendarmería Nacional*, publicado como número especial de la extinta *Revista de Gendarmería Nacional*; y *Birretito*, revista de la Gendarmería Infantil.

El volumen *Historia de Gendarmería Nacional*, que ya hemos citado al comienzo, narra el devenir de la Fuerza hasta 1978 y constituye el texto institucional más completo destinado a reconstruid su pasado. Incluye primero capítulos sobre antecedentes previos a su formación y luego desarrolla la historia institucional a través de los períodos de gestión de sus comandantes, incorporando datos legales, modificaciones orgánico-funcionales, acciones administrativas y crónicas de hechos políticos, entre otras cuestiones. *Historia de Gendarmería* fue publicado en julio de 1991 pero fue escrito antes del final de la dictadura, según expresa sin nombrarla de ese modo su autor, el Comandante Gral. (R) José Eugenio San Julián. Dicho oficial fue también director de la *Revista de la Gendarmería Nacional*, antiguo medio de prensa de la institución que circuló hasta la década de 1980. Hacia el año 2000 San Julián se desempañaba como director del Servicio Histórico y Museo de la Gendarmería, cargo en el que había sido nombrado desde su fundación en 1984. Por la fecha de escritura y publicación, su libro refleja en principio la postura de la Fuerza anterior a la sanción de la Ley de Defensa. Pero el hecho de que no hubiera otra publicación posterior le otorgaba continuidad oficial a su contenido. En diciembre de 2010 San Julián fue condenado a seis años de prisión por aplicación de tomentos a seis detenidos en campos de concentración de Córdoba, cuando se desempeñaba como jefe de la Región Noroeste de la Gendarmería.

Como he mostrado en el primer capítulo de este libro, *Historia de Gendarmería Nacional* se cuida de mostrar la impronta represiva de la Fuerza en su etapa fundacional, en particular su papel en las masacres de población indígena en el área chaqueña y sus antecedentes como fuerza de tareas para la eliminación de sindicalistas al servicio de empresas multinacionales en la década de 1920. Aunque tampoco asume su propia actuación violenta, dedica mucho espacio a describir y explicar el contexto político que desembocará en el golpe militar de 1976-1983, justificando el papel de la Gendarmería en el mismo y legitimando a las FFAA en general. Así tal vez el núcleo del análisis histórico del libro, por la pasión inocultable del narrador, es el período que va desde la década de 1960 hasta 1976. La situación política interna del país, los golpes de estado (nunca denominados de ese modo), el crecimiento de la movilización masiva, surgimiento de guerrillas, y los detalles de acciones armadas, caídos, etc. de la Institución. Sin embargo, sólo se refiere a la última dictadura y al denominado Proceso de Reorganización Nacional (en rigor sólo los dos primeros años) de un modo aséptico, neutro, sin mencionar ninguna acción represiva. La dictadura aparece como corolario natural de una debacle política protagonizada por guerrilleros, universitarios y sindicalistas desde la década de 1960. En el libro, sólo se menciona que la ex presidenta Isabel Perón es destituida por haber perdido el gobierno "todas las oportunidades disponibles para restablecer el equilibrio" y que quedó alojada en una residencia de la provincia de Neuquén bajo custodia de la Gendarmería (*Historia de Gendarmería Nacional*: 179)

Los golpes de estado, como el derrocamiento del Presidente Arturo Illia por el General Juan Carlos Onganía en 1966, son siempre justificados en el texto:

> *Según expresara en su tiempo un autor contemporáneo sobre el tema "el hecho que provocó el derrocamiento del Presidente Illia el 26 de junio de 1966 podría ser cualquiera, porque la suerte y desprestigio del gobierno ya estaban sellados" (…)*
>
> *Las consecuencias del golpe se muestran como beneficiosas: Lo cierto es que el régimen instaurado impuso orden, disolvió los partidos políticos y el Congreso Nacional, interviniendo la Corte Suprema de Justicia y las Universidades, debido -en este último caso- a su activa participación en la lucha de facciones, en olvido de su misión específica. La detención de numerosos dirigentes gremiales y estudiantiles, conformó el dispositivo adoptado (Ibíd.: 163)*
>
> *Reiterando lo dicho, el gobierno de la Revolución Argentina implantó una estructura y orden administrativo capaz de permitir al país vivir en un clima de paz y sosiego durante 1968 y parte de 1969 (Ibíd.: 168)*

La descripción del contexto de la asunción del presidente Cámpora el 11 de marzo de 1973 muestra a esta autoridad como ilegítima.

> *(…) una marea humana en la que se mostraban sin velo alguno los hasta entonces marginales del ERP, Mon-*

toneros, FAR y otras formaciones del mismo cuño castro comunista (…) Concretado el traspaso del mando, tiene inicio simultáneo la toma y ocupación por la fuerza de innumerables dependencias públicas, institutos de ense-ñanza, medios de comunicación, facultades, etcétera, con pintadas y colocación de cartelones preanunciantes, y la prohibición absoluta de ingreso a sus respectivas sedes de las autoridades legítimas oportunamente designadas, pro-fesores y funcionarios. Muchas figuras del espectáculo, escritores e intelectuales radicalizados prestan concurso a ésta orgía de violencia y desenfreno, como no se viera nunca. Todo en nombre de la "liberación" (Ibíd.:172)

En *Historia de la Gendarmería…* la actuación de la Gen-darmería en la represión de la guerrilla y el desarrollo de la actividad guerrillera ocupa un lugar central en la con-formación de la identidad institucional (Ibíd.: 153-156). Pri-mero, se remonta a la primera guerrilla rural marxista en la Argentina, liderada por Jorge Ricardo Massetti en Salta durante 1964, para mostrar cómo la Gendarmería actuó an-tes que el Ejército en la lucha contra la "subversión" y fue responsable de su primera derrota.

Romero se transforma así en el primer mártir de la lucha contra la guerrilla castro-comunista, rindiendo su vida en defensa de los sagrados ideales de Patria y libertad. Con esta muerte tendría inicio una larga lista de asesinatos efectuados por la subversión, en una guerra despiadada y cruel, en la que finalmente vencerían las armas de la Na-ción (GN 1991:156).

La guerrilla de Masetti se presenta como el origen de la violencia que desembocará en el golpe de 1976.

Estos hechos (...) serían sólo el prólogo de un largo camino de infortunios, asesinatos, secuestros, asaltos, de creaciones y atentados de la más variada índole, que la subversión desató durante años en Argentina. Al igual que en este caso, los delincuentes subversivos que, sucediendo a los primeros, se constituyeran en el peor flagelo por el que atravesó la sociedad argentina en lo que va del siglo, conmoviendo las bases mismas en la Nación y sus instituciones, fueron finalmente sometidos por el Ejército Argentino, las otras Fuerzas Armadas, Gendarmería Nacional, y todas las policías nacionales y provinciales existentes en el país (Ibíd.: 156-157)

Posteriormente, se describe el surgimiento masivo de la "subversión":

En abril de este último (1969) se produjo la aparición de la guerrilla urbana de extrema izquierda, copando sorpresivamente un vivac del Ejército (...) este hecho sería el inicio de una larga serie de otros gestados por elementos de la misma extracción ideológica, que pertenecían a los autodenominados Ejército Revolucionario del Pueblo (ERP), Montoneros, Fuerzas Armadas de Liberación (FAL), Fuerzas Armadas Peronistas (FAP) y otras organizaciones de menor cuantía, que, actuando en conjunto o separadamente, darían concreción a una escalada de terror conformada por asesinatos a mansalva, pillajes, robos a bancos, secuestros extorsivos y un sinnúmero de atrocidades, hasta su derrota después de 1974 (...)

También se destacan las acciones directas de la Gendarmería en la represión de estos movimientos, algunas de ellas junto con el Ejército, siempre con anterioridad a 1976.

En esta ciudad [Córdoba], una confusión de terroristas, sindicalistas y dirigentes universitarios, actuando perfectamente sincronizados, comenzaron la ocupación de la ciudad la noche 29 de marzo (día del ejército) (...) "El Cordobazo", duró aproximadamente 24 horas, y sólo tuvo fin frente a la enérgica represión ejecutada por efectivos del Cuerpo de Ejército III y de Gendarmería Nacional (Ibíd.: 168).

A raíz del "Combate de Manchalá" en Tucumán, los militares "derrotan y dispersan a una columna de delincuentes subversivos (…) los cuales "perseguidos por fuerzas del Ejército y Gendarmería, resultan posteriormente aniquilados (Ibíd.: 177). También se hace amplia referencia a los gendarmes caídos por la guerrilla, como un jefe de la Gendarmería que se había retirado recientemente.

En diciembre de 1975 (...) la lucha contra la subversión recrudecía tanto en zonas rurales de Tucumán, como en los centros urbanos de Córdoba, Rosario y la misma Buenos Aires (...) son cruelmente asesinados por Montoneros el ex Director Nacional de Gendarmería, Gral. Dv. (R) Jorge Esteban Cáceres Monié y su señora esposa. (Ibíd.: 178).

Más adelante se menciona:

Ese día (10 de agosto de 1975) en circunstancias en que un avión Hércules C 130 de la Fuerza Aérea Argentina regresaba al equipo de combate de la Agrupación San Juan, fue criminal y arteramente abatido al despegar del aeropuerto de la gira de Tucumán, y (...) murieron atrapados por el fuego y el humo seis hombres de Gendarmería Nacional, de un total de 114 del contingente que transportaba a su bordo (Ibíd.: 177).

Finalmente, es necesario recalcar que excepto la mención a un par de combates en Tucumán, previos al golpe de estado, y atentados sufridos por acción de la guerrilla, nada se dice de los métodos represivos mediante los cuales se sometió a la subversión y cuál fue la participación de la Gendarmería. Sin embargo, en el capítulo "Hechos políticos hasta 24 de marzo de 1976" (Ibíd.: 178-79 se menciona la realización por parte de los gendarmes de los cursos de Contrainsurgencia Urbana e Interrogatorios de Inteligencia Militar en la Escuela de las Américas, que fue parte del entrenamiento que recibieron los militares argentinos para montar el aparato represivo ilegal y aplicar sistemáticamente la tortura y la desaparición forzada de personas.

Centinelas es una revista de una tirada de 30.000 ejemplares, de frecuencia cuatrimestral, costeada por una suscripción obligatoria del personal en actividad. Creada, según sus datos de edición, "para la difusión de temas de índole profesional que tengan atinencia con la función específica y culturales que tiendan a estrechar vínculos entre sus integrantes" su contenido gira sobre actos institucionales, homenajes y aniversarios, pero también incorpora un contenido amplio y heterodoxo. Reseñas históricas que incluyen relatos ilustrados e historietas; textos de gendarmes sobre sus experiencias en diversas funciones, narraciones literarias y poemas. Artículos de autores invitados sobre temas antropológicos, ecológicos e históricos y, por último, el suplemento *Birretito*, revista para niños de la "Gendarmería Infantil". El análisis exhaustivo de este material excedería los objetivos de este libro, y me limitaré a señalar el viraje producido en cuanto a situar el estado militar en la identidad institucional diferenciándose del ejército.

Centinelas sólo se refiere tangencialmente al pasado, y cuando lo hace se trata de eventos remotos de la histo-

ria patria o de las primeras dos décadas de la Gendarmería. Está centrada en cambio en las circunstancias del presente relativas a la seguridad nacional e internacional, y
a las distintas facetas profesionales de los gendarmes, sus
experiencias por ejemplo en las misiones de paz, la lucha
contra el contrabando y la seguridad urbana y mostrar los
nuevos perfiles técnicos de la fuerza. Su doctrina en el período era justificar y promover las bondades de su carácter
militar-policial en consonancia con las teorías de las denominadas Fuerzas Intermedias y las nuevas amenazas, por
ejemplo en un número íntegramente dedicado a "Las Fuerzas Intermedias en el Tercer Milenio" (*Centinelas* 1999, N°
7) y en *Centinelas* N° 11 (2000), que describe la actuación,
funciones y características generales de la institución. Ya en
el primer párrafo se define a la Gendarmería como "Fuerza
de Seguridad, de naturaleza militar y característica de Fuerza Intermedia. A renglón seguido, un título pregunta "¿Qué
se interpreta como Fuerza Intermedia?" "Una organización
con estado militar y capacidades para disuadir y responder
a amenazas, crisis, contingencias e incidentes en los ámbitos de la Seguridad Interior y de la Defensa Nacional" (*Centinelas* N°11, 2000: 2).

Sin embargo, atendiendo a la historia, los contenidos de
Centinelas parecen ser más significativos por lo que omiten
que por lo que explícitamente exponen. En efecto: contra
la frecuencia de referencias históricas sobre la actuación de
la Gendarmería, se destaca la ausencia total de menciones
a la dictadura militar y la Represión, o cualquier comentario sobre la época. En lugar de ello, se explicita la labor de
la Gendarmería en la defensa y el respeto a los derechos
humanos, a la legalidad y la Constitución, lo que aparentemente constituye un intento de diferenciarse del estigma
golpista y represor de las FFAA. En *Centinelas* N° 4, 1998,

por ejemplo, se publica el "Código de funcionarios encargados de hacer cumplir la ley" reproduciendo la Resolución 34/169 de la ONU, con especial énfasis en el respeto de los DDHH –ver especialmente el Art. 5–. En *Centinelas*, N° 11 (2000) se hace referencia a la peculiaridad del sistema educativo de la Gendarmería, haciendo hincapié en que la formación del recurso humano "en su contenido humanístico, militar, técnico y jurídico" "conforma en su extensión un *verdadero soldado de la ley*".

Otro factor que llama la atención en *Centinelas*, es la cuidadosa evitación de cualquier tipo de análisis o expresiones de opinión sobre política interior. Esto contrasta visiblemente con el énfasis de *Historia de la Gendarmería...* en describir, juzgar y tomar posición respecto del contexto político, especialmente en la época previa al golpe de estado de 1976.

En la revista *Centinelas*, por el contrario, observamos una cuidadosa ausencia de menciones a la actividad represiva, a la época de la dictadura militar o el período previo, o bien al actual contexto político nacional o a la función represiva de conflictos sociales, y una desideologización general del discurso. Un ejemplo que condensa algunas de estas características se observa en el discurso pronunciado por el entonces Director Nacional de la Gendarmería, Cte. Gral. Timar Musumeci, con motivo del 60 aniversario de Gendarmería, en ocasión de la despedida a un contingente a una misión de paz, reproducido en un editorial de *Centinelas*.

Comienza el texto destacando la doble misión de la Gendarmería en Defensa y Seguridad Interior, inscribiendo ese primordial rasgo de la estrategia institucional no sólo en las leyes sino en una tradición que se remonta a la fundación nacional: "desde los albores del estado" la Gendarmería tiene capacidades para actuar en Defensa Nacional y Seguridad Interior, hecho que sería "ratificado hoy por las leyes respectivas". Se referirá asimismo a las fronteras como "transformadas en baluartes de integración", lo que por extensión devalúa las hipótesis clásicas de la Defensa Nacional de posible ataque de estados vecinos, relacionando este concepto con el de "nuevas amenazas": después de la reformulación de las fronteras, el texto revela "nuevos desafíos" para la Gendarmería los cuales "trascienden las fronteras": el narcotráfico, el terrorismo internacional, el lavado de dinero, el fraude informático y la degradación del medioambiente. Luego de destacar la importancia de las misiones de paz al exterior y saludar a la prensa, se repasan los mártires de la Fuerza caídos en cumplimiento del deber a lo largo de la historia institucional. En un breve párrafo, al contrario que lo enfatizado en *Historia de la Gendarmería…*, se omite toda referencia explícita no sólo al período de la Represión sino a la actuación contra la Guerrilla de Massetti o los muertos durante la represión en Tucumán.

> *En esta evocación rendimos homenaje a todos los gendarmes fallecidos en cumplimiento del deber. Desde el gendarme Trippepi muerto en acción por una banda de delincuentes en los primeros años de vida institucional, hasta los que siguieron ofrendando su sangre en estos 60 años; los que quedaron en nuestras islas Malvinas, los que recientemente entregaron su vida en Angola y Haití (Centinelas 1998: 3)*

Los caídos de la "lucha contra la subversión" detallados cuidadosamente en *Historia de la Gendarmería…*, son incluidos genérica y elípticamente entre aquellos que "siguieron ofrendando su sangre estos sesenta años".

Otro punto importante para evaluar los cambios en el discurso de la Gendarmería en *Centinelas* es la eliminación de componentes retóricos asociados al lenguaje típico de los militares para referirse al período dictatorial, o a los conflictos internos de los años 70, que abundaban en *Historia de la Gendarmería...* No encontramos términos como "subversión", "marxistas", "delincuentes subversivos" "castro-cubano", "castro-comunista", "montoneros". Un tono profesional y neutro reemplaza a la valoración de antagonistas y la cargada adjetivación política de *Historia de Gendarmería*. Finalmente, la revista se permite avanzar en la crítica implícita a las FFAA para revalorizar su propio papel. Para ello la coloca en boca de Miguel Angel Toma, ex secretario de Seguridad, artífice de la ley de Seguridad Interior, y autor del proyecto de la Ley de Defensa de 1988 –por eso denominada ley Toma– en el evento "*Las Fuerzas intermedias en el Tercer Milenio*" (*Centinelas* N° 7, 1999: 3-6).

Toma comienza fustigando a los militares que

> (...) *durante época de la guerra fría (...) las fuerzas armadas, imbuidas de la doctrina de la seguridad nacional, terminaron por comprar la idea de que el enemigo era de naturaleza ideológica (...) consecuentemente esta distorsión terminó militarizando al estado, convirtiendo el enemigo en el enemigo interno (...) y por lo tanto, las fuerzas armadas ocuparon el vasto andarivel de convertirse en fuerzas de seguridad. (...) (Centinelas N°7, 1999: 4).*

Luego, instala la teoría de las "nuevas amenazas" como un nuevo y peligroso desafío a la doctrina militar

> *De modo que, de nuevo, empezamos a tener un contexto donde no tenemos del todo claro cómo enfrentar esas amenazas. Aparece asociada, además, una profunda amenaza en interno de las sociedades, que es el desarrollo del delito*

(...) producto de este fenómeno de globalización (…) nue-
vas formas de delito de naturaleza específicamente trans-
nacional como el narcotráfico, el terrorismo, que afectan,
que discuten junto con otros emergentes el poder del Es-
tado o la composición misma del poder y la naturaleza del
Estado (Ibíd.)

A continuación de lo cual vuelve a impugnar implícitamente a las FFAA por sus presiones para reunificar Seguridad Interior y Defensa Nacional.

(…) frente a este nuevo panorama de confusiones con las
que parece que vamos a tener que acostumbrarnos a vi-
vir, empiezan a aparecer también respuestas, algunas in-
genuas y otras malintencionadas; (…) hay algunos que
nos proponen: "Démosle a las fuerzas armadas un rol de
fuerzas de seguridad" y entonces, no sé si queriéndolo o
no, con ingenuidad o no, empiezan a rescatar del armario
los trastos viejos de nuevo, algo parecido a esa doctrina de
la seguridad nacional que tuvimos que desechar, porque
a nuestro país le costó mucha sangre, mucho dolor, heri-
das que todavía no terminan de cerrar como quisiéramos
(…) se nos propone volver a instalar a las fuerzas arma-
das como elemento vinculado a reprimir, ahora, las nuevas
formas de la amenaza, basadas fundamentalmente en la
cuestión del narcotráfico. Yo a esto le llamó la neo-doctri-
na de la seguridad nacional, con los enormes riesgos que
implica, porque la naturaleza misma del instrumento mi-
litar está vinculada el hecho de aniquilar al enemigo, de
quebrar su voluntad, mientras que el desafío que tenemos
hoy [es el de] neutralizarlos y someterlos a la ley (…)

Finalmente, eleva a la Gendarmería como único organismo que puede enfrentar con éxito el desafío material y
doctrinario de las "nuevas amenazas", en su condición de
"Fuerza Intermedia":

> *Consecuentemente, aparece la necesidad, en este contexto,*
> *de tener muy en claro que entre el nuevo rol que se pre-*
> *tende darle a las fuerzas armadas y el rol convencional de*
> *las fuerzas de seguridad de vinculadas estrechamente al*
> *interno, fuerzas policiales a mantener la seguridad inte-*
> *rior, aparece un tercer espacio (...) que son las estructuras*
> *(...) de la naturaleza intermedia. Aquellas que son capaces*
> *de articular elementos vinculados específicamente a lo que*
> *era la conformación convencional del instrumento militar*
> *de defensa, las fuerzas armadas, pero que al mismo tiempo*
> *tienen una capacitación y una formación que las coloca*
> *también en el lugar de ser fuerzas de seguridad (...) Es el*
> *lugar desde el cual hay que pensar de aquí en más, en el*
> *marco de un sistema nacional de seguridad coherente, el*
> *rol de las fuerzas intermedias que, en Argentina, se lla-*
> *man Gendarmería Nacional" (Centinelas, 1999: 4-5).*

Las contradicciones que se observan entre las publica-
ciones de la Gendarmería sobre el pasado institucional se
encontraban reunidas en el Museo de la Gendarmería. El
Museo es un espacio bien cuidado y evidentemente valo-
rado por la institución. No es muy grande, pero tiene la
suficiente amplitud para disponer de varias salas temáticas
y cuenta con un personal amabilísimo y dedicado, con la
mejor disposición para mostrar y explicar al visitante las
distintas facetas de la historia de la Gendarmería. En él se
encuentran numerosos objetos, en particular armas, uniformes, banderas, equipos y fotografías. El orden de sus

temas y vitrinas, la disposición de los objetos, los textos, recortes de diarios y fotos, pretendían narrar una historia de la Institución. En esa narrativa era posible encontrar contradicciones entre las nuevas y viejas formas o políticas de representación de la institución. El resultado era una composición con el foco colocado en ciertos eventos o en ciertos objetos, pero de un modo discontinuo, es decir no existía un claro hilo conductor histórico, y el silencio sobre algunos hechos era interrumpido por estridentes "ruidos" museográficos sobre otros. Pero entre unas y otras vitrinas y ejes temáticos, surgían contradicciones en torno a cómo eran considerados los derechos humanos, la dictadura y la democracia o la represión.

La doctrina de los derechos humanos y la defensa de la democracia estaban representados en el museo, aunque en forma fragmentaria. No existía un espacio dedicado al tema sino que al recorrer algunas salas aparecían discursos condenatorios de violaciones a los derechos humanos o de asaltos al orden constitucional.

En un espacio dedicado a la participación de la Gendarmería en la guerra de las Malvinas se mostraba material sobre sus caídos en las islas y las acciones que habían protagonizado miembros de la Fuerza. Se explicaba el nacimiento del Escuadrón Alacrán, que hasta hoy es su cuerpo de elite, como un grupo comando de pelotones que realizaban golpes de mano tras las líneas enemigas. Pero en una porción de una vitrina dedicada también a las Malvinas, se "escrachaba" a Augusto Pinochet por el apoyo de Chile a Inglaterra durante la guerra definiéndolo como "dictador" y reproduciendo artículos periodísticos sobre acusaciones por violaciones a los derechos humanos. Se incluía el facsímil de la famosa citación del juez español Baltasar Garzón a Pinochet por genocidio, tortura, asesinato y desapariciones forzadas que posibilitó por primera vez su juzgamiento y una prisión domiciliaria en Londres entre diciembre de 1998 y marzo de 2000. La denuncia a Pinochet contrastaba con el silencio de radio sobre los juicios por crímenes similares de las Fuerzas Armadas y de Seguridad y la propia Gendarmería durante la dictadura en Argentina.

Esta suerte de "exorcismo" del propio pasado represivo y dictatorial continuaba en el sector más representativo de la moderna Gendarmería, el que mostraba las misiones de paz en el exterior. Allí se detallaban diversas misiones en Haití, Yugoslavia, Bosnia, Angola, etc. Se mencionaba el éxito de la Gendarmería en ellas por su ductilidad funcional, en particular su carácter militar-policial. Pero como al pasar, era destacado también como un valor su carácter "apolítico", mostrando que no se implicaban ideológicamente con los bandos en pugna en los escenarios a los cuales eran destinados. Sin embargo, en algunos de esos contextos existían bandos revolucionarios, luchas democráticas, insurgencias o dictaduras comparables a la Argentina. La declamación "apolítica" de la Gendarmería chocaba con su actuación en esta historia silenciada.

Unos pasos más allá, esta vocación democrática era reforzada con la exhibición de algunos "trofeos de paz": el texto que una bandera de los *tonton macoutes* haitianos es ocasión de mencionar al "dictador Duvalier". De la misión en Angola se exhibían posters sobre "elecciones libres ya" o "Democracia ya". Sin embargo, también se colaban fragmentos de antiguas obsesiones: sobre la misión en Bosnia se mostraba una "bandera comunista original" rescatada de un búnker serbio.

Contrastando con el lenguaje democrático, pro derechos humanos y propiciador de la paz –aggiornado a la nueva etapa de la Gendarmería– de estas secciones del Museo, en otras aún se observaban con crudeza los resabios del discurso represivo anterior. Inclusive, con exposición de trofeos muy parecida a la sección de las misiones de paz.

Eran los paneles donde se describían las acciones contra la guerrilla en Argentina. Se elogiaba lo actuado contra la "subversión" durante la represión de la guerrilla de Masseti en 1964 Salta o el Operativo Independencia, en Tucumán, en 1975. Se observaban fotos de tropas en el monte y recortes de diarios. Pero lo que más me sorprendió, transportándome directamente a los recuerdos de la deshumanización de las víctimas de la represión dictatorial, fueron dos instalaciones de trofeos de "guerra": primero unas grandes fotos de guerrilleros muertos y prisioneros en Tucumán y banderines y otros objetos de uso cotidiano en sus campamentos. Luego, un maniquí de tamaño natural vestido con un "uniforme original de combatiente del ERP (Ejército Revolucionario del Pueblo)". Esta materialización morbosa del subversivo me recordó inmediatamente a historias que había escuchado sobre la circulación entre los militares de la dictadura de trofeos macabros consistentes en restos humanos (dedos, orejas) de comandantes guerrilleros. Inclusive, la historia de la exposición pública itinerante en algunas provincias como (según me contó un testigo) ocurrió en San Juan con un dedo del líder del ERP Mario Roberto Santucho expuesto al público. En el año 2000, un artículo periodístico reveló precisamente un hecho que evocaba la instalación del Museo de la Gendarmería. La existencia durante la dictadura de "museos de la subversión" en algunas unidades militares, con maniquíes en tamaño natural que recreaban a guerrilleros y militantes. Quien fuera jefe de la represión en Tucumán, Antonio Domingo Bussi, fue acusado inclusive de colocar el cadáver embalsamado de Santucho como maniquí de Santucho (*Página 12*, 15/05/2000).

Quince años después de mi primera visita el museo luce depurado de sus huellas represivas. Ya no está el maniquí del combatiente del ERP ni las fotos de la lucha contra la guerrilla en Tucumán, o la columna de Masetti. Tampoco las menciones a Pinochet, o las críticas a las dictaduras. Al igual que en 2001, tampoco se expone sobre la represión de cortes de ruta o la seguridad urbana. Se mantienen las vitrinas sobre la guerra de Malvinas, las de patrullaje fronterizo del territorio, las misiones de paz, vehículos y uniformes antiguos y especialidades civiles como asistencia de enfermería, entre muchas otras. Pero nunca se hace alusión a la historia política de la institución y en especial nada se dice sobre su faz represiva durante las décadas de 1960 y 1970. Tampoco se menciona su accionar sobre obreros, pueblos originarios y bandidos rurales, aspectos que estaban presentes en 2001.

Según su jefe el museo está tomando un "sesgo museológico". Sus muestras estarían orientadas por cuadros capacitados para ello e inclusive historiadores de la propia gendarmería. El museo sería en este sentido una prueba más del profesionalismo que los gendarmes se esfuerzan en demostrar. Y parte de esa eficacia parece estar dada por un mayor control del discurso y la narrativa sobre la Gendarmería. Ya no se observan las contradicciones que eran patentes hace quince años.

Como la mayoría de los museos institucionales, este es un museo del olvido. Recorta la historia y deja sólo aquellos aspectos que proporcionan una imagen deseada. Está orientado a mostrar lo que se quiere ser, no lo que se es. Y esto es, básicamente, una Gendarmería muy profesionalizada y con una genealogía distinta que el Ejército.

La narrativa del Museo coloca al General Martín Miguel de Güemes, héroe de la independencia argentina, como el referente mítico de la Gendarmería aunque según el jefe del museo también José de San Martín lo es, pero correspondería más bien al Ejército. Güemes fue seleccionado hace muchos años por la institución como ancestro debido a su famosa lucha, durante la guerra de independencia, en las fronteras del territorio independizado de los españoles. Por su identificación con las fronteras, era el símbolo perfecto de una historia militar de la Gendarmería, una fuerza de fronteras, que se remontaría al nacimiento mismo de la nación. Pero también parecen haber otros motivos, o interesantes coincidencias. Sabemos por nuestra educación primaria que el ejército del caudillo estaría formado por los famosos "gauchos de Güemes" y que su táctica principal era la guerra de guerrillas. De hecho los primeros montoneros argentinos fueron las tropas de Güemes. Notablemente, Güemes actuó como guerrillero en la misma región de la Argentina, el noroeste, donde la Gendarmería reprimió a las guerrillas de Masetti y del ERP. Nos preguntamos cuanto de esta identificación con Güemes y sus tropas se relaciona con el manejo de las tácticas de guerrilla (muy parecidas a las de contra guerrilla) y con su legendaria proximidad cultural y social con los gauchos; o sea cuánto hay en la figura de Güemes del "gendarme empático".

LA GENDARMERÍA EN LA SOMBRA

> Soy constante centinela para velar por la soberanía nacional, proteger la democracia, el cumplimiento de sus leyes y defender los derechos de todas las personas.
>
> Decálogo del Gendarme, artículo 7.

En agosto de 2002, al poco tiempo de asumir la presidencia, Eduardo Duhalde obligó a renunciar a Hugo Miranda, el director de la Gendarmería que más poder había acumulado para la fuerza desde el final de la dictadura militar. Fue considerado el responsable final del delito que más se preció de combatir, un contrabando de cigarrillos en el que participaron gendarmes (*La Nación*, 8/8/2002). Pablo Silveyra, un oficial de mediano rango, se había enterado de una venta ilegal de cigarrillos cuando estaba destinado en Campo de Mayo, en el año 2002 (*Página 12*, 7/02/2016). Silveyra denunció ante el juez Rodolfo Canicoba Corral que un cargamento con dos mil cajas de cigarrillos de 50 cartones cada una, estaban siendo vendidos en lugar de quemados, como estipula el procedimiento. Canicoba Corral procesó al oficial responsable y a otros cinco gendarmes. En 2008 Miranda fue además embargado en 3 millones de pesos y procesado junto con otros diez comandantes por la sobrefacturación de un helicóptero en una licitación (*Clarín*, 1/10/2008). Silveyra fue castigado internamente por haber denunciado a sus jefes, con arrestos, desplazamientos hacia cargos de menor importancia, amenazas y hostigamiento.

Durante el gobierno de Néstor Kirchner se realizó una gran depuración de oficiales del "mirandismo" a quienes se acusaba de haber transformado a la Gendarmería en una fuerza autónoma y con demasiado poder, que prácticamente se autogestionaba (*Página 12*, 12/11/ 2004). En 2004 el Gobierno pasó a retiro a 12 de los 16 comandantes generales de la fuerza, lo que implicó una de las purgas más grandes de la historia institucional. Escándalos de corrupción, el castigo a Silveyra por las denuncias del contrabando y el reconocimiento de violaciones a los DDHH durante la dictadura fueron las causas puntuales. La lista fue encabezada por Eduardo González y Gerardo Chaumont, entonces director y subdirector de la Fuerza. Chaumont estaba muy relacionado con el poderoso Hugo Miranda, al igual que los comandantes generales Juan Alberto Rossomando y Oscar Virginio Traballoni. Carlos Farías y Enrique Della Gaspera, por su parte, figuraban entre los oficiales de la Gendarmería con denuncias ante la CONADEP.

Este avance sobre la autonomía de la Fuerza no se tradujo, sin embargo, en la retracción del espacio que ocupaba la en la estructura de la seguridad. Si bien al principio se planteó la necesidad de su "retorno a las fronteras", la demanda social de seguridad –instalada como uno de los principales temas políticos–, la persistencia de la autonomía y falta de eficiencia de la policía, y de las presiones por volcar a las FFAA a la lucha contra el narcotráfico, forzaron al gobierno a continuar con la estrategia delineada desde el menemismo y en rigor profundizarla.

Durante los gobiernos kirchneristas se duplicó el número de efectivos, pasando de 17000 a 34000 entre 2004 y 2014, convirtiéndose así en la principal fuerza de seguridad del Estado nacional en operaciones en el país. Esto fue parte de un intento de reorganizar el sistema con la creación del Ministerio de Seguridad en 2010, durante la presidencia de Cristina Fernández de Kirchner. A partir de ese año, con el Ministerio de Nilda Garré, se desarrollaron los despliegues más grandes de la Gendarmería en la seguridad urbana de que se tenga memoria. El operativo Centinela que se inició en 2011 llegó a contar con 10.000 efectivos en el conurbano bonaerense en 2013 y el operativo Cinturón Sur colocó por primera vez a los gendarmes como policía de calle en Buenos Aires, patrullando en las jurisdicciones de las comisarías 34, 36 y 52 en el sur de la ciudad. En otras ciudades del país también se colocó efectivos de la Fuerza, como en Rosario donde se desplegaron 2000 gendarmes (Frederic, 2014).

Este enorme crecimiento generó o acrecentó conflictos internos. La mayor parte de los nuevos reclutas fueron destinados a la seguridad urbana. Dado que la mayoría de los gendarmes proviene de las zonas de frontera, estaban en general lejos de sus familias y las condiciones de traslado, vivienda, comida y servicios eran deficientes. Las quejas continuaban con que los traslados desde el interior a menudo no eran compensados con los francos correspondientes (*Página 12*, 12/11/ 2004).

Un problema aún mayor tenía que ver con la percepción de la identidad institucional. Las ciudades y el trabajo policial continuaban (y continúan) siendo vistas como un lugar impropio para su formación, expectativas y vocación. Lo que más anhelan los cuadros de todas las jerarquías es el retorno a las fronteras y la revalorización de su entrenamiento y características militares. Sin embargo, son esas

funciones desnaturalizadas las que generaron el drástico
crecimiento numérico y presupuestario de la Fuerza por
la cual la mayoría de esos reclutas ingresaron. A su vez, el
crecimiento desmedido de la tropa generó un cambio ra-
dical en la proporción entre nuevos reclutas y cuadros con
formación. Anteriormente los cuadros eran en su gran mayoría gendarmes con varios años de experiencia. La com-
binación entre reclutamiento masivo y funciones no tradicionales provocaron dudas en cuanto a la posibilidad de
transmitir saberes y valores institucionales a las nuevas ge-
neraciones. Esta suerte de crisis generacional se evidenció
en un hecho inédito: la primera medida de fuerza gremial
de la gendarmería, cuando una mayoría de nuevos reclutas
y suboficiales destacados en Buenos Aires hicieron huelga de sus servicios de seguridad, realizaron una marcha y
protestaron públicamente por sus salarios y condiciones de
trabajo. El detonante fue un cambio en el modo de liquida-
ción de haberes para evitar algunas injusticias en el cobro
(algunos gendarmes y prefectos cobraban el doble o más
que otros por tecnicismos judiciales del pago de adiciona-
les) que en algunos casos fue mal hecha, disminuyendo el
salario real.

Esta actitud inédita, que incluyó una ruidosa manifestación en el Edificio Centinela, rompió la estructura jerárquica propia de una institución militar y asoció a los gendarmes al mismo tipo de demandas que a menudo tuvieron
que reprimir. La medida profundizó la brecha entre los
nuevos reclutas y los gendarmes de mayor antigüedad, y
fue vista como un síntoma más de la dificultad de trasmitir
los valores de la institución, en especial la disciplina militar, a los jóvenes. Pero también produjo cierto escozor en
el poder político, que a través del Congreso condenó los
hechos, y en particular entre sectores allegados al gobier-

no, que creyeron ver en la movilización una amenaza al orden constitucional, debido a la politización e insubordinación de una fuerza militar (*Página 12*, 04/10/2012). Para remontarse a un caso anterior de rebeldía militar había que recurrir a los levantamientos "carapintada" de fines de la década de 1980 y principios de 1990.

Otro de los cambios de la Gendarmería en el período fue la introducción de políticas de equidad de género. Desde principios de 1990 se comenzaron a incorporar mujeres a la institución. Pero durante los gobiernos de Cristina Fernández de Kirchner aumentó considerablemente el reclutamiento femenino y la incorporación de contenidos de equidad de género en la formación de los reclutas. Las medidas parecen haber calado hondo en la Fuerza y es habitual observar la presencia de mujeres gendarmes en el patrullaje y puestos de control en todo el país. Inclusive, fueron cambiadas las frases del Decálogo del Gendarme, para democratizarlo en varios aspectos y actualizarse a los nuevos rumbos respecto del género.

El decálogo, de autor anónimo, fue publicado en 1944 con el primer número de la *Revista de la Gendarmería Nacional*. En 2010 fue actualizado en varias partes. Su décima norma, "Soy un gendarme, es decir que soy un hombre de bien" fue reemplazado por "Soy un gendarme, es decir soy persona de bien" para poder ser recitado en su juramento por gendarmes mujeres.

Otros cambios en el Decálogo evidencian el celo de las nuevas autoridades en democratizar, aunque sea en términos simbólicos, los valores de la Gendarmería. El punto 4 cuyo texto era "Soy disciplinado porque en la disciplina está fundado el orden y el respeto" ahora es "Soy disciplinado porque en la disciplina está fundado el orden y el respeto mutuo". El viejo punto 7 rezaba: "Soy un constante

centinela que está sobre las armas no solo para velar por
la soberanía de la nacionalidad y el cumplimiento de las
leyes, sino también para asegurar el trabajo honesto de mis
ciudadanos." El nuevo, agregó el valor de la defensa de la
democracia, ausente en el decálogo original y reemplazó la
defensa del trabajo por la de los derechos: "Soy constante
centinela para velar por la soberanía nacional, proteger la
democracia, el cumplimiento de sus leyes y defender los
derechos de todas las personas."

La actitud y protagonismo represivo de la Gendarmería disminuyó en forma global durante esta etapa, en especial si consideramos el aumento drástico de su exposición. La aplicación masiva de los gendarmes al patrullaje
policial fue exitosa en cuanto a la percepción popular, tanto
de quienes vivían en esas zonas como los que sin vivir en
ellas, veían con satisfacción su presencia en lugares considerados focos de inseguridad. Los gendarmes fueron derivados mayoritariamente a barrios con altos grados de mar-
ginalidad y violencia. Para quienes vivían fuera de dichos
barrios, se vivió la medida como un necesario disciplina-
miento de zonas conflictivas. Para los que vivían dentro las
posturas estaban divididas entre quienes lo interpretaban
como el quiebre de su autonomía, la represión de su vida
cotidiana o como una presencia salvadora del estado que
les permitía vivir con mayor seguridad. Esto fue favoreci-
do por la cuidadosa estrategia de los gendarmes para mostrarse como proveedores de un servicio público más que
como fuerza de ocupación, coordinar sus acciones con asociaciones vecinales y sociales y mantener una buena comunicación con la gente (Frederic, 2014).

La represión a los movimientos sociales y políticos continuó siendo un punto problemático para la Gendarmería.
Si bien no se produjeron masivas puebladas como en la

década de 1990 (con abundantes heridos de golpes y balas y muertos), existieron focos de violencia institucional. La Gendarmería mantuvo un cuestionado papel en Formosa respecto de las comunidades indígenas. La comunidad qom Potae Napocna Navogoh (La Primavera) mantiene un agudo conflicto con el gobierno de la provincia y criollos locales por tierras que les fueron reconocidas en 1985 y luego vendidas parcialmente en maniobras turbias. Debido a la cantidad de ataques y muertes producidas con la anuencia del gobierno y la policía provincial (una decena según la comunidad), el estado nacional aceptó la recomendación de la Comisión Interamericana de Derechos Humanos de garantizar su integridad física. Para ello dispuso un cerco por parte de la Gendarmería al territorio. Sin embargo, los qom denunciaron en varias oportunidades que la Fuerza liberaba la zona para que las comunidades sean atacadas por matones que buscan el desalojo de las tierras.

El caso más resonante de represión implicó violencia excesiva e ilegítima, aunque no hubo muertes. Ocurrió luego de la designación del ex militar Sergio Berni en el cargo de Secretario de Seguridad. Berni fue nombrado en 2012 como segundo de la ministra Nilda Garré para reforzar la acción del ministerio, dada la centralidad social y política de la inseguridad. Durante su gestión se mostró en medio de vistosos operativos para impactar en la opinión pública. El 31 de julio de 2014, una manifestación de trabajadores de la empresa Lear Corporation, que reclamaban la reinstalación en sus puestos de trabajo, cortaron la ruta panamericana a la entrada de Buenos Aires. La Gendarmería fue destacada para desalojar el corte. Pero el corte era apoyado por manifestantes en automóvil que marchaban a paso lento frente a la fábrica. Según se supo más adelante por orden de Berni, el jefe de los gendarmes simuló ser atropellado arrojándose sobre el automóvil de un manifestante, para poder detenerlo. El automovilista fue salvajemente arrancado del auto, esposado y golpeado en el piso a la vista de todos, mientras los canales de TV filmaban la escena. La escalada represiva continuó hasta que una salvaje represión a los choferes de la Línea 60 de colectivos por orden de Berni provocó una veintena de heridos. A raíz del hecho el gobierno relevó a la cúpula de la Gendarmería en agosto de 2015. En setiembre fue designado Germán Kanemann, realizando una maniobra muy poco habitual en las jerarquías militares: Kanemann era un comandante general muy reciente, y había muchos otros con mayor antigüedad. Dado que el Director no puede tener una jerarquía menor que sus subordinados, al designarlo obligadamente había que pasar a retiro a una docena de comandantes, lo que en efecto se hizo. Con la medida se generó otra anomalía. Sólo el director nacional tenía grado de comandante general, mientras que el resto de la plana mayor eran comandantes mayores. La Prefectura, en cambio, contaba con 17 prefectos generales y el Ejército superaba los 50 generales en actividad (*La Nación*, 31/12/2015).

Dentro de la intervención militar en la seguridad interior, la realización de actividades de inteligencia por las FFAA y de seguridad con fines políticos es el tema más sensible desde el retorno de la democracia. Por eso tuvo gran impacto la denuncia durante 2013 de la existencia de un vasto programa de espionaje de la Gendarmería a partidos políticos, militantes y organizaciones gremiales. Según el director de Gendarmería en ese entonces, Héctor Schenone, el denominado Proyecto X era una "herramienta de análisis y orientación" judicial; una gran base de datos surgida durante el transcurso de investigaciones judiciales que incluía sobre todo nombres, teléfonos, direcciones, vinculaciones, peritajes y otros elementos. Según Schenone, las indagaciones contaban siempre con autorización del fiscal. Sin embargo, documentos de la base incluían listas de dirigentes sociales de las villas, monitoreo de organizaciones, gremios, y organismos de derechos humanos que no formaban parte de ninguna causa judicial (*Clarín*, 10/03/2013).

La investigación judicial allanó la guarnición de la Gendarmería en Campo de Mayo obteniendo abundante documentación que demostraba que el espionaje ilegal databa de mucho antes. Por ejemplo, se demostró que infiltrados de Gendarmería habían investigado organizaciones políticas y sociales en Córdoba en 2005 y a las Madres de la Plaza de Mayo de Neuquén en 2010. En este último caso, se verificó el seguimiento de sus presentaciones judiciales para solicitar el listado de civiles que prestaron servicios en el Destacamento de Inteligencia 182 durante la última dictadura militar (*La Nación*, 6/03/2013). Las tareas realizadas violaban las leyes de Inteligencia y de Seguridad Interior que prohíbe a cualquier organismo obtener información de ciudadanos por el solo hecho de su adhesión o pertenencia a organizaciones partidarias, sociales o sindicales.

Si bien la causa por el proyecto X cayó en el olvido, las prácticas de espionaje de la Gendarmería parecen haber continuado durante el gobierno de Mauricio Macri. Eso se evidenció precisamente durante el caso Maldonado, con el espionaje de la Gendarmería a los organismos de Derechos Humanos y a los propios familiares de Santiago Maldonado. Parte de ese espionaje se reveló en la pericia realizada por la Policía Federal a los teléfonos celulares de los gendarmes que participaron en el operativo en la comunidad Pu Lof donde desapareció Maldonado. Se intercambiaron información de inteligencia ilegalmente obtenida para criminalizar a los familiares, a los mapuche y sus grupos de apoyo (*Página 12*, 27/09/2017).

La Gendarmería se había transformado durante el período kirchnerista en la principal fuerza de seguridad del país. Con la presidencia de Mauricio Macri y la asunción de Patricia Bulrich como Ministra de Seguridad desde diciembre de 2015, se intensificó su poder político a niveles inéditos. La ministra tuvo desde el comienzo un fuerte discurso represivo y dejó claro que cubriría políticamente los efectos colaterales de la violencia institucional. La Gendarmería se transformó en la estrella del firmamento de la seguridad, con un protagonismo, celo represivo y despliegue de violencia solo comparables al accionar sobre los piqueteros en la década de 1990. La ministra trazó un nuevo pacto con la fuerza colocando nuevamente en el poder al "mirandismo", al que muchos le achacan el exceso de violencia, autonomía y vocación expansiva en la seguridad interior. Para ello colocó como director a Gerardo Otero, ex vicecomandante durante la gestión de Miranda. La elección de Otero fue una anomalía ya que había sido puesto en disponibilidad a finales del 2015. Como vicedirector, Bulrich colocó a otro retirado prematuramente por el kirchnerismo, Federico Sosa (*La Nación*, 31/12/2015; *Página 12*, 7/02/2016). Bulrich no tuvo sutilezas a la hora de presentar la decisión como la reparación "de una injusticia cometida por la administración anterior" La fidelidad de la Gendarmería al gobierno parece así haber estado garantizada desde el comienzo.

Casi de inmediato a su reestructuración, la Gendarmería ocupó las primeras planas de los diarios por su accionar represivo. El 29 de enero de 2016, en un procedimiento en la villa 1-11-14 de la ciudad de Buenos Aires, atacó a una murga que estaba ensayando en la calle, disparando, gol-

peando e hiriendo a mujeres y niños. Algunos de estos tenían balazos de goma en la cara. Pese a la férrea defensa de
la ministra Bulrich, no se probó que hubiera ningún motivo y todo indica que se trató de un ensayo de terrorismo
de estado de baja intensidad, alentado por el gobierno para
mostrar "mano dura" en las calles.

Otro de los blancos predilectos de la Gendarmería desde la asunción de sus nuevas autoridades fueron los mapuche. Desde principios del 2015, una agrupación mapuche
denominada Pu Lof en resistencia ocupó una porción de
tierra en Chubut, reclamada como propia por la Estancia
Leleque de la familia Benetton. Allí, precisamente, es donde Santiago Maldonado desapareció por casi tres meses y
luego apareció su cadáver. Desde el principio se sucedie-
ron intentos de desalojo legales e ilegales por parte de la
policía provincial en abril de 2015 y junio y noviembre de
2016, y permanentes acciones de hostigamiento. En los
procedimientos se usaron armas de fuego, gas lacrimógeno
y se atacó indiscriminadamente a los habitantes. En enero
de 2017, luego de cerrar todos los accesos a la comunidad,
un escuadrón de Gendarmería con más de 200 efectivos,
helicóptero, avión hidrante y drones atacaron la comunidad e impidieron durante diez horas el acceso al predio a
organismos de DDHH. Los mapuche fueron insultados,
golpeados, esposados y arrastrados. No hubo personal judicial presente en el operativo (APDH, 2017). A fines de
junio, el líder de la comunidad, lonko Facundo Jones Huala fue detenido por la Gendarmería, alegando un pedido
de extradición de Chile. El 31 de julio, los integrantes de
la comunidad congregados para reclamar su libertad en el
juzgado federal de Bariloche, fueron reprimidos. Entre los
heridos, Romina Jones, hermana de Facundo Jones Huala,
fue brutalmente golpeada en el rostro y perdió varios dien-

tes. El 1 de agosto los gendarmes entraron a la fuerza a la comunidad, sin orden judicial y arrasando con todo. Allí desapareció Santiago Maldonado, para reaparecer muerto el 17 de octubre.

Cuando escribo estas líneas aún no se finalizaron los estudios de la autopsia para determinar las circunstancias de la muerte de Maldonado. Sin embargo, todo tipo de dudas se tejen sobre la extraña aparición del cuerpo luego de 80 días en las inmediaciones de la comunidad, una zona que fue rastrillada con enorme despliegue en repetidas oportunidades. También despertó suspicacias que el hallazgo se produjo a cuatro días de las elecciones de medio término, y en un clima político dominado por la falta de respuestas por la desaparición del joven. Puede ser casual también la fecha de aparición del cuerpo en el aniversario del hito más importante de la mística peronista.

Pero es evidente que la Gendarmería ha sobrepasado límites que se creían inamovibles en el respeto a los DDHH. Por un lado, desde 2016 se multiplicaron casos de gatillo fácil y apremios que involucran a gendarmes, sobre todo en el conurbano bonaerense. Y sobre todo, ha intervenido en causas de alto interés para el gobierno nacional. El nuevo peritaje de la causa Nisman; la custodia del lugar de detención de la dirigente social jujeña Milagro Sala; la detención "preventiva" espectacular de los ex ministros kirchneristas Amado Boudou y Julio de Vido; el allanamiento en un canal de televisión cuando se estaba entrevistando a la ex presidenta Cristina Fernández. Todas acciones de gran repercusión mediática, cuestionadas en su legalidad, que tienen como blanco a funcionarios del gobierno anterior. A eso se le suman acciones aún más preocupantes, que parecen remontarse a la dictadura militar. Patrullas de Gendarmería irrumpieron provocativamente en actos escolares y universitarios que reclamaban la aparición con vida de Santiago Maldonado (violando en este último caso la autonomía universitaria que prohíbe el ingreso de uniformados sin autorización y causa fundada), e intentaron disolver una reunión de las Madres de Plaza de Mayo dentro de una iglesia.

Independientemente de lo que surja de la investigación de Santiago Maldonado, es evidente que la Gendarmería, lejos del juramento número 7 de su decálogo, está ocupando un rol cada vez más peligroso para las libertades democráticas en la Argentina.

Hemos recorrido brevemente la historia de la Gendarmería y su crecimiento en las últimas décadas. Esta historia muestra una institución preocupada por su imagen y hábil instrumentadora de la misma. Con un gran sentido de la oportunidad, que le permitió aprovechar las coyunturas políticas y negociar con gobiernos de distinto signo político. Varias de sus acciones recientes llevan a evaluar la vocación democrática y respetuosa de los derechos humanos de la Fuerza y el gobierno. También, el real éxito de las políticas de renovación de valores y contenidos educativos desarrollados en las dos últimas décadas, que podrían tener menos pregnancia que los relatos fundacionales y la mística represiva.

Finalmente, en qué medida la subordinación al poder civil implicaría el cumplimiento de políticas de estado o el viraje según directivas ideológicas coyunturales.

REFERENCIAS

Leyes

Argentina, República: *Ley 16.970 de Defensa Nacional*, 6/11/1966
Argentina, República: *Ley 23.554 de Defensa Nacional*. Sanción 13/4/1998, promulgación 26/4/1988
Argentina, República: *Ley 24.059 de Seguridad Interior*. Sanción 18/4/1991, promulgación 6/1/1992.

Periódicos y Revistas

Centinelas

—N° 11, noviembre de 2000. 62° Aniversario
—N° 9, Febrero 2000 "Nuevas Funciones para la Institución", por E. Della Gáspera, pp.: 30-31. "Gendarmería Nacional en su rol contribuyente a la política exterior de la Nación: Situaciones que, en el ámbito internacional, requerirán la participación de una Fuerza tipo Gendarmería", por O. Martínez, pp.: 15-19.
—N° 7, Mayo 1999 "Las Fuerzas Intermedias en el tercer milenio", pp.: 3-6.
—N° 6, diciembre 1998 "Editorial", pp.: 2-3.
—N° 4, mayo 1998 "Código de Conducta para los funcionarios encargados de hacer cumplir la ley" pp.: 20-23.

Clarín

—10 de marzo de 2013 "Proyecto X: Cómo espió la Gendarmería a más de mil organizaciones".

—1 de octubre de 2008 "Procesan a ex jefes de Gendarmería." Sección Noticias.

—11 de agosto de 2002 "El desplazamiento del jefe de Gendarmería. Apogeo y caída de un gendarme con ambición." Sección Política.

—22 de enero de 2000 "Sólo secuestramos el 10 % de la droga que entra al país". Sección Sociedad.

—26/08/2000. Sección Política.

—12 de noviembre de 2000 "La situación social: continúa la tensión en Mosconi y Tartagal". Sección Política.

—20 de octubre de 2000 "Un ministro de Seguridad y la Gendarmería se dicen de todo". Sección Sociedad.

—12 de mayo de 2000 "La cuestión social: corte de ruta en General Mosconi". Sección Sociedad.

—21 de septiembre de 1999 "El juez desconfía de la policía y la aparta de la investigación". Sección Sociedad.

—28 de septiembre de 1999 "En Gendarmería esperan que les envíen las armas". Sección Sociedad.

—18 de diciembre de 1999 "Nuevo gobierno: desalojo del puente que une Corrientes con Chaco."; "Nuevo gobierno: Mestre asume el lunes como interventor y empiezan a pagar sueldos adeudados". Sección Política.

—14 de diciembre de 1999 "Nuevo Gobierno: buscan una salida de emergencia".

—29 de julio de 1999 "Una provincia en crisis: Socorro financiero a cambio de un severo ajuste". Sección Política.

—5 de julio de 1999 "Una provincia en crisis. Violencia política". Sección Política.

—10 de junio de 1999 "Una provincia en crisis: Menem habló de intervención federal pero prefiere una salida política". Sección Política.

El intransigente

—6 de octubre de 2003. "La muerte de Aníbal Verón: Un crimen ante los ojos de Juan Carlos Romero y Sonia Escudero"

La Nación

—22 de setiembre de 2017 "Pichetto se diferenció del kirchnerismo y habló de protomontonerismo".

—31 de diciembre de 2015 "Conducirá la Gendarmería un retirado por el kirchnerismo"

—4 de mayo de 2000 "Discuten el alcance del papel militar". Sección Política.

—6 de marzo de 2013 Proyecto X: denuncian que también "espiaron" a madres de Plaza de Mayo.

—13 de febrero de 2000 "El gobierno negó una lucha entre las fuerzas. Sección General.

—19 de diciembre de 1999 "El descontrol hubiese sido mayor". Sección Política.

—18 de noviembre de 1999 "Ruckauf pide gendarmes en las calles". Sección General.

—15 de abril de 1999 "Sorpresa en Interior por la convocatoria de Menem a Gendarmería". Sección General.

—23 de marzo de 1999 "Parche o Sistema? Sección Opinión.

—16 de marzo de 1999 "Monitores de la pobreza extrema".

—8 de agosto de 2002 Renunció el Director de la Gendarmería.

—22 de octubre de 1998 "La ciudad fue tomada por hombres de verde". Sección General.

—25 de junio de 1998 "Bussi era el que disparaba primero". Sección Política.

—3 enero de 1998 "En un año 104 cortes de ruta". Sección Política.

—02 de diciembre de 1997 "El Juez se quedó sin la Gendarmería". Sección General.

—12 de noviembre de 1997 "Gendarmería ya empezó a custodiar entidades judías". Sección General.

—28 de mayo de 1997 "Crece la tensión social. Negociación crucial por la crisis jujeña". Sección Política.

—22 de abril de 1997 "Preocupa la seguridad en cuatro provincias". Sección Política.

—15 de junio de 1997 "Las repercusiones de la crisis".

—16 de febrero de 1997 "El congreso busca la reestructuración de la policía". Sección General.

—11 de enero de 1997 "Corach avaló al jefe de Gendarmería" y "Deciden la suerte de Musumeci". Sección Política.

Página 12

—27 de septiembre de 2017 "El espionaje ilegal de los gendarmes".

—7 de febrero de 2016 "La próxima vez te reventamos la cabeza".

—04 de octubre de 2012 "Comunicado de los partidos y organizaciones de unidos y organizados: 'Se esconde una maniobra destituyente'". El País.

—12 de noviembre de 2004 "La Purga llegó a Gendarmería S.A".

—14 de noviembre de 2002 "Los asesinos de Aníbal Verón siguen libres".

—24 de noviembre de 2000 "Bussi mataba uno todas las semanas". Sección El País.

—15 de mayo de 2000 "Crónica del Museo del horror".

—27 de enero de 2000 "Represores en la Gendarmería. Una tarea para Miranda."

Fuentes orales

Revista de la Gendarmería Nacional. N° 120, marzo de 1991. Comandante Mayor (R) Teófilo Ramón Cruz.

Gendarmería Nacional Argentina, Edificio Centinela 2000-2001: 12 entrevistas a oficiales en actividad de grado de Comandante Principal o Comandante Mayor, promovidos a comienzos de la década de 1970.

Comisión de Seguridad de la Cámara de Diputados de la Nación 2000. Se entrevistó a los asesores Santiago Palumbo, Alt. (R) Roberto Roscoe, y Comisario (R) Mario Ramírez.

Bibliografía Citada

Acuña, Carlos y Catalina Smulovitz 1996 "Ajustando las fuerzas armadas a la democracia: éxitos, fracasos y ambigüedades de las experiencias del cono sur". En Jelin, Elizabeth y Eric Hershberg Coordinadores: *Construir la Democracia: Derechos Humanos, Ciudadanía y Sociedad en América Latina*. Buenos Aires, Nueva Sociedad, pp.: 25-52.

—1995 "Militares en la transición argentina: del gobierno a la subordinación constitucional". AAVV: *Juicio, Castigos y Memorias: Derechos Humanos y Justicia en la Política Argentina*, Buenos Aires, Nueva Visión, pp.: 21-99.

Asamblea Permanente por los Derechos Humanos, 2017. Dossier: Proceso de Recuperación territorial Pu Lof en resistencia de Cushamen. 13 de marzo de 2015-13 de marzo de 2017 http://apdh.org.ar/areas/pueblos-originarios/dossier.pu.lof

Benveniste, E. 1977 *Problemas de Lingüística General*. Mexico, Siglo XXI.

CONADEP 1991 *Nunca Más. Informe de la CONADEP y su anexo*. Buenos Aires, Eudeba.

CELS (Centro de Estudios Legales y Sociales) 1999 *Derechos Humanos en Argentina. Informe Anual enero-diciembre 1998*, Buenos Aires, Eudeba.

CELS/Human Wrihts Watch 1998 *La Inseguridad Policial. Violencia de las Fuerzas de Seguridad en la Argentina*. Buenos Aires, Eudeba.

CED (Centro de Estudios para el Desarrollo) 2000 *Una Agenda Propositiva en Materia Policial para el Cono Sur y la Región Andina de América Latina*. Boletín Policía y Sociedad Democrática, año II - N°8.

Duhalde E. L. 1999 *El Estado Terrorista Argentino*, Buenos Aires, EUDEBA.

D'Andrea Mohr, J. L. 1999 *Memoria Deb(v)ida*, Buenos Aires, Colihue.

Escolar, D. 2017 "Gendarmería: Los límites de la obediencia" La Nación, 18 de septiembre de 2017.

—2017 "Mandá a la Gendarmería". Revista Anfibia. http://www.revistaanfibia.com/ensayo/manda-a-la-gendarmeria/

—2005 "represión y Represión: memorias, política militar y estrategias institucionales en la Gendarmería Nacional Argentina", en Hershberg, Eric y Felipe Agüero (compiladores), *Memorias militares sobre la represión en el Cono Sur: visiones en disputa en dictadura y democracia*, Madrid y Buenos Aires, Siglo XXI.

Frederic, Sabina, 2014. "Modos de dar seguridad, adaptación y obediencia en el escenario de re-despliegue territorial de la Gendarmería Nacional Argentina." ESTUDIOS N° 32. 219-241.

Gendarmería Nacional Argentina 2000 http://www.gendarmería.gov.ar

Gendarmería Nacional Argentina 1999 Por el Despliegue, Revista Centinelas, Buenos Aires.

Gendarmería Nacional Argentina, s.d. Gendarmería Nacional Argentina, Centinela de la Patria. Revista Centinelas

Jelin, E. 1998 "Las luchas por la memoria: hacia un programa de investigación comparativa", Seminario *Programa Memoria Colectiva y Represión: Perspectivas Comparativas sobre el Proceso de Democratización en el Cono Sur de América Latina*, SSRC, Montevideo noviembre 1998.

Mapelman, V. 2015 Octubre Pilagá. Memorias y archivos de la masacre de La Bomba. Buenos Aires: Tren en Movimiento.

Muzzopappa, E. 2000 (mimeo) Metáforas Estratégicas. El Concepto de Cultura En y Sobre el Ámbito de la Seguridad, Tesis de Licenciatura FFyL-UBA.

Comandante Gral. (R) San Julián, J. E. 1991 Historia de la Gendarmería Nacional, Tomos I y II: Revista de la Gendarmería Nacional, Cuaderno 3, Buenos Aires.

Sain, M. F. 2000 "Quince años de legislación democrática sobre temas militares y de defensa (1983-1998)" en *Desarrollo Económico*, Buenos Aires, vol. 40, N°157, abril-junio 2000, pp.: 121-142.

Van Alphen, E. 1999 "Symptons of discursivity: experience, memory and trauma". En Bal M. J. Crewe y L. Spitzer eds. *Acts of Memory, Cultural Recall in the Present*, Hanover, Darmouth College, University Press of New England.

Vuoto, P. y Wright, P. 1991 "Crónicas del dios Luciano. Un culto sincrético de los Toba y Pilagá del chaco argentino". En: A. Barabas (Coord.), *El mesianismo contem- poráneo en América Latina. Religiones Latinoamericanas* 2: 149-180.

Otros títulos de Sb editorial

Religión y poder en las misiones de guaraníes

GUILLERMO WILDE

"Premio Iberoamericano Book Award" de la *Latin American Studies Association* (LASA, Toronto) a la mejor publicación sobre Latinoamérica en Ciencias Sociales y Humanidades

(9789871984626 - 512 págs.)

"El premio se otorga a Guillermo Wilde en reconocimiento al trabajo sistemático, profundo y riguroso de su libro *Religión y Poder en las Misiones de Guaraníes*. En él confluyen la mirada histórica y la aproximación etnográfica en el ejercicio de una historiografía original, comprensiva de la experiencia vital de las misiones jesuíticas. El libro reconstruye la experiencia guaraní en su inserción en el sistema colonial entre los siglos XVII y XIX, discerniendo la trama de redefiniciones en la relación entre religión y poder a lo largo de la experiencia reduccional.

Tanto en sus acercamientos conceptuales así como en la metodología desarrollada, Wilde permite ver que los pueblos indígenas jugaron un papel activo en el proceso cultural llevado a cabo a partir de la conversión al cristianismo [...] negociando su concepción de tiempo y espacio de frente a los miembros de la orden jesuítica".

Co-chairs Judith Boxer Liwerant (UNAM), Donna Guy (Ohio State University), Guillermo Alonso (UNSAM) y Luis Roniger (Wake Forest University), Comité de Selección.

"No es solo contra la imagen edificante y homogeneizante de la experiencia reduccional que Wilde escribe, sino también contra la idea moderna de una esencia guaraní impermeable que busca «permanecer en su propio ser» y resiste a cualquier transformación. Wilde recupera con brillo académico y literario la textura densa y singular de los contextos en que estuvieron insertos los guaraní a lo largo de más de 200 años. En la pluma del autor, ganan vida innumerables personajes guaraní, con nombre y apellido, moviéndose en situaciones sociales singulares. De este modo nos ofrece una visión en escala biográfica de eventos y estructuras ya narrados en escala más amplia. Con el cambio de escala, los «guaraní de papel» ganan nueva vida, ahora en carne y hueso."

Carlos Fausto (Museo Nacional, Universidad Federal de Rio de Janeiro).

"Negros de la Patria": Los afrodescendientes en las luchas por la independencia en el antiguo Virreinato del Río de la Plata

Silva Mallo - Ignacio Telesca (Editores)

(9789871256693 - 278 págs.)

Serie: HISTORIA AMERICANA

Los afrodescendientes, que vinieron esclavizados desde África estuvieron presentes en nuestros territorios desde el inicio mismo de la conquista. Muchos pudieron ganar su libertad, otros permanecieron esclavizados. Ellos también fueron protagonistas de los diferentes procesos de Independencia que se comenzaron a experimentar a partir de 1810. Aunque la historiografía suele quitar visibilidad a su presencia, ellos igualmente están, y su existencia nos devuelve una serie de preguntas que nos permiten recuperar la complejidad original de aquellos sucesos.

¿Qué lugar de experiencia y de definición les quedaba a los afrodescendientes, esclavos y libres, que se veían restringidos a los espacios de mayor exclusión social hasta el punto de no ser sujetos de derecho? ¿Cuándo y cómo se sentían parte? ¿Cuáles eran sus esperanzas y expectativas para el futuro? ¿Cómo se integraban al proceso y qué reconocimiento obtenían por su participación? ¿Cómo vivieron sus amos y la sociedad toda su intervención y el proceso de liberación de los esclavos? ¿Cómo se conjugaron la etnicidad y la política, la libertad del pueblo, y de modo particular, la de los esclavos? ¿Se produjeron cambios en el reordenamiento de la sociedad?

Orientada por estas preguntas, esta obra reúne el trabajo de especialistas de primer nivel en el tema.

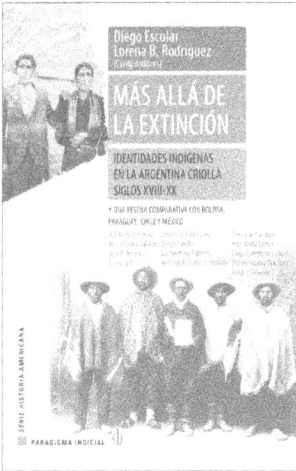

Más allá de la extinción
Identidades indígenas en la
Argentina criolla. Siglos XVII-XX.
Y una reseña comparativa con
Bolivia,Paraguay, Chile y México

DIEGO ESCOLAR Y LORENA B. RODRÍGUEZ
(COMPILADORES)

Serie: Antropología sociocultural
(978-987-4434-49-5 / 288 págs.)

Judith Farberman . María Laura Salinas . Ana A. Teruel . Ignacio Telesca
Sonia Tell . Lorena B. Rodríguez . Diego Escolar . Guillermina Espósito
Antonio Escobar Ohmstede . Rossana Barragán

Hasta hace muy poco la Argentina era considerada una nación "blanca y europea". La historiografía y la antropología habían asumido que la población aborigen de las áreas de más antigua colonización del país como Cuyo, el antiguo Tucumán, Córdoba y el litoral paranaense, había desaparecido o transmutado en criollos hacia fines del siglo XVIII.

En el marco de los procesos de resurgimiento de identidades indígenas que se dieron desde la década de 1990 en esos espacios, el asidero histórico de sus demandas de reconocimiento y territorios fue impugnado bajo el argumento de que había un vacío de casi dos siglos entre su su-puesta extinción y su "milagrosa" reaparición.

Este libro ofrece estudios recientes que, a partir de fuentes inéditas y nuevas preguntas, de-muestran la continuidad de marcas étnicas, tradiciones políticas, luchas judiciales y archivos indígenas en el corazón de la Argentina criolla traspasando el umbral de la colonia

hasta los siglos XIX y XX. Finalmente brinda una mirada latinoamericana sobre la problemática al incorporar –a modo de enlaces contextuales– trabajos sobre México, Bolivia, Chile y Paraguay desde los cuales buscar puntos de comparación tanto sobre los procesos en sí mismos, como sobre las miradas y preguntas que se han formulado las tradiciones nacionales de investigación.

Los años 70 a fondo. Guerrilleros, militares y familiares. Reportajes inéditos a los protagonistas de la Argentina Violenta

Pablo Anzaldi

(9789871984602 - 302 págs.)

Una labor periodística de investigación sin concesiones, basada en entrevistas directas a protagonistas de la violencia política en la Argentina. Incluye no sólo a militares y guerrilleros, sino también a dirigentes peronistas y a familiares de víctimas de la violencia. El lector encontrará reportajes inéditos a Graciela Fernández Mejide (APDH) • Luis Mattini (PRT-ERP) • Julio Santucho (PRT-ERP) • Roberto Perdía (Montoneros) • Jorge Rulli (Resistencia Peronista) • Alberto Brito Lima (Comando de Organización) • Santiago Omar Riveros (Ejército Argentino) • Ernesto Barreiro (Ejército Ar-gentino) • Jorge Mones Ruiz (Ejército Argentino) • Silvia Ibarzábal (AFAVITA).

El libro construye una historia oral que refleja el dramatismo de la escalada en la violencia política y sus consecuencias. Se podrá conocer de la boca de los militares por qué tomaron la decisión de matar y desaparecer a los detenidos, o qué hicieron para desarticular y aniquilar a las organizaciones armadas. Y de los guerrilleros: cómo estaban organizados Montoneros y ERP o qué pensaban del General Perón. Pero también preguntas como las siguientes: ¿Cómo empezó la violencia política en la Argentina de los años 60 y 70? ¿Quién mató a Aramburu? ¿Con qué estrategia creían los líderes de las organizaciones armadas que tomarían el poder? ¿Qué pasó realmente en Ezeiza? ¿Cuántas personas integraron las organizaciones armadas? ¿Cuándo empezaron las operaciones del Ejército contra las organizaciones? ¿Está sobrestimada la figura de López Rega, son un mito las Tres A? ¿En qué medida influyó la doctrina contrainsurgente francesa? ¿Cómo se constituían los Grupos de Tareas? ¿Qué hicieron los militares para desarticular y aniquilar a las organizaciones armadas? ¿Cuántas personas desaparecidas hay? ¿No pensaron los militares en las consecuencias de semejante hecho? ¿Cómo funcionaba internamente la Junta Militar? ¿Cómo se constituyeron los primeros grupos de derechos humanos? ¿Cómo vivieron los militares, guerrilleros y familiares aquellos años?

Vox Populi
Una historia del voto
antes del sufragio univeral

Olivier Christin

(9789871984992 - 240 págs.)

Serie: HISTORIA UNIVERSAL

No siempre se ha considerado la elección como el medio más equitativo, el más eficaz ni el más transparente de distribuir cargos y honores públicos, ni el de designar a quienes debían contribuir a la creación de la Ley. Durante mucho tiempo otros sistemas han gozado de un prestigio semejante, sino superior, ya se trate del sorteo, la sucesión, la cooptación o de apelar al Espíritu Santo. Sin embargo, las elecciones existían en incontables lugares e instituciones: ciudades y aldeas, órdenes religiosas y cónclaves –donde justamente intervenía el Espíritu Santo–, universidades y academias. Pero, en realidad, sus objetivos no eran la elección de los mejores representantes ni la justa distribución de los cargos, sino otros como la reproducción social de las elites, la defensa de la ortodoxia… En definitiva, no tenían mucho que ver con la idea que nos hacemos de la democracia ni del lugar que los procedi-mientos electivos deben ocupar allí.

Este libro se consagra a reconstruir esa larga historia del voto antes de las revoluciones del siglo XVIII y del nacimiento de los sistemas representativos modernos. Al rechazar, a partir de casos de estudio vívidos y precisos, la idea de un progreso lineal de la elección racional y de las instituciones representativas desde fines de la Edad Media hasta las revoluciones democráticas, Olivier Christin expone las implicancias de los debates que actualmente tienen por objeto la crítica de la decisión de la mayoría y de la democracia representativa.

.

El sendero y la voz.
Una antropología de la memoria

CARLO SEVERI

(9789871256648 - 367 págs.)

Serie: ARTE, ESTÉTICA E IMAGEN

¿Por qué tenemos la costumbre de llamar solo 'orales' a las tradiciones de los pueblos que no conocen la escritura? Un gran número de etnografías muestra que, con frecuencia, estas tradiciones son al menos tan iconográficas como orales, fundadas tanto sobre el uso de la imagen como sobre el de la palabra.

La oposición entre tradición oral y tradición escrita que prevalece en la antropología actual y en muchas disciplinas de carácter histórico y lingüístico no es falsa sino falaz, y contiene varias trampas intelectuales. Al presentar la oralidad como opuesta a la escritura, por ejemplo, impide comprender su modo de funcionamiento específico. Además, oculta el hecho de que, entre los polos extremos de la oralidad pura y el uso exclusivo de la escritura, existen numerosas situaciones intermedias.

Casi siempre se ha estudiado el dibujo 'primitivo' como si fuera un intento (fallido) de inventar una escritura. Esta obra propone justamente lo inverso: considerar a estos grafismos como el producto de un proceso que conduce a la invención de artes no occidentales de la memoria.

Inútil buscar una imitación rudimentaria de la realidad en estos dibujos. Su forma moviliza la mirada e invita a descifrarlos. Ellos son el testimonio visible de una serie de operaciones mentales que generan imágenes intensas y fragmentarias a la vez. Esta obra abre un nuevo campo de investigación que atraviesa la historia del arte y el conjunto de las ciencias sociales. Nace así el proyecto de una antropología de la memoria.

Arte y agencia.
Una teoría antropológica

Alfred Gell

(9789871984589 - 336 págs.)

Serie: ARTE, ESTÉTICA E IMAGEN

¿Qué subyace al poder seductor del arte? En esta obra Alfred Gell propone una teoría que se aparta radicalmente de las interpretaciones anteriores. Critica que las teorías estéticas adopten una posición demasiado pasiva con res-pecto de los objetos y, en cambio, hace hincapié en el arte como forma de acción instrumental, concibiendo la elaboración de las cosas co-mo medio de influir en los pensamientos y actos de los demás. Los objetos de arte son la materialización de intenciones complejas y sirven de medio para transmitir la agencia social. La conceptualización de Gell conduce a la fusión de los objetos de arte con las personas. El autor también analiza, entre otros temas, la psicología de los patrones y la percepción, el arte y la personalidad; el arte en relación con las prácticas religiosas como la pose-sión espiritual, la idolatría y la misa católica; y el significado del arte para el artista, el visitante de galerías y el adorador de ídolos.

El detallado razonamiento de Gell –enriquecido por las diversas ilustra-ciones que lo acompañan, así como por un análisis del arte europeo y «etnográfico»– toca ámbitos relacionados con la filosofía, la psicología y la lingüística. El autor completó la versión inglesa de poco antes de su fallecimiento a los 51 años. Esta obra encarna la brillantez de su intelecto, el vivaz ingenio, el vigor y la erudición por los que era tan admirado, y conforma el testimonio duradero de que estuvimos ante uno de los antro-pólogos con mayor talento de su generación.

www.ingramcontent.com/pod-product-compliance
Lightning Source LLC
Chambersburg PA
CBHW022336280326
41934CB00006B/660